我
们
一
起
解
决
问
题

TEA SHOP

茶饮店就该这样干

李强◎著

人民邮电出版社

北 京

图书在版编目（CIP）数据

茶饮店就该这样干 / 李强著. -- 北京 : 人民邮电
出版社，2022.8（2022.10重印）
ISBN 978-7-115-59365-8

Ⅰ. ①茶… Ⅱ. ①李… Ⅲ. ①茶馆－商业经营 Ⅳ.
①F719.3

中国版本图书馆CIP数据核字（2022）第093811号

内 容 提 要

近几年来，消费升级为餐饮业带来了许多深刻的变革，新一代消费者的出现，让茶饮店成了最活跃、成长最快的餐饮业态之一，开茶饮店也成为众多年轻人创业的选择。

本书针对茶饮店创业过程中的一系列关键决策点，给出了系统的讲解和丰富的案例、方案。比如开店之前，如何确定是做加盟还是自创品牌，如何计算保本点，如何找到合适的合伙人；开店中，如何选址，如何装修；开店后，菜单怎么设计，外卖和营销怎么做，会员怎么转化等。

本书适合茶饮店的经营者和有意创办茶饮店的人参考阅读。

◆ 著　　李 强
　　责任编辑　王飞龙
　　责任印制　彭志环

◆ 人民邮电出版社出版发行　　北京市丰台区成寿寺路 11 号
　　邮编 100164　　电子邮件 315@ptpress.com.cn
　　网址 https://www.ptpress.com.cn
　　北京印匠彩色印刷有限公司印刷

◆ 开本：720×960　1/16
　　印张：12.75　　　　　　　　　　2022 年 8 月第 1 版
　　字数：200 千字　　　　　　　　2022 年 10 月北京第 3 次印刷

定　价：59.80 元

读者服务热线：（010）81055656　印装质量热线：（010）81055316
反盗版热线：（010）81055315
广告经营许可证：京东市监广登字 20170147 号

开茶饮店
就像围城，
里面的人总想出来，
外面的人总想进去。

前　言

创业是一场没有终点的马拉松

写这本书的想法源自我自己第一次茶饮创业的经历。

一次失败的创业经历，

一个自诩为专家的我的创业失败经历。

2018 年，我在西安的城市地标——钟楼饭店，开设了"蜜月森林面包和茶"。这是一家融合新茶饮、甜点和软欧包，总面积超过 300 平方米的旗舰店，项目总投资超过 500 万元，在一年多的时间里亏损殆尽，这就是我为冲动和浮躁付出的代价。

那一次的失败带给了我惨痛的教训，但也注定成为我成长的跳板。

所以，我痛定思痛，总结过往的经验，把过去学到的或经历的失败和成功的经验及法则一并分享给大家。

我从业时间最长的是咖啡馆行业，在近 20 年的时间里，我经历了咖啡馆行业从大众到小众，再到如今的小而美和融入新零售模式的发展过程，我见证了咖啡馆行业的一路变化，我的收获很多，也失去了不少。2015 年我尝试在咖啡馆的基础上寻求转型突破，先选择了烘焙，又在 2018 年正式跨界入行到茶饮领域。

我与新茶饮结缘很早，2012年就接触了国内第一批新中式茶饮店品牌：上海的茶香书香、重庆的嫩绿茶、贵阳的宜北町、郑州的茶啡茶，还有北京的因味茶、煮叶等。当时，这些新茶饮店品牌在经营过程中还或多或少带有"用星巴克的方式经营中国茶""打造中国茶饮界的星巴克""城市里茶饮第三空间"这样的理念。这种既源自于中国本土茶文化，又借鉴星巴克倡导的"咖啡是一种生活方式"的理念和我自己的理念不谋而合。于是我决定做自己的"咖啡馆式"茶饮店。

一旦有了创业的念头，就像在心里种下了草，总有一天要想法拔掉！

2012—2015年，喜茶和奈雪的茶先后横空出世，直接带动了中国街头茶饮业的升级！各茶饮店品牌纷纷效法，不断提升产品品质，升级品牌形象，资本方也纷纷加入，在2019年下半年，蜜雪冰城率先达到了10000家门店的规模，中国新茶饮正式进入资本化时代和精细化时代！

虽然我的茶饮店创业以失败告终，但是我对"茶饮行业未来会更好"的信心不变。

国内新茶饮的演变，离不开中国经济发展的大背景、供应链的成熟、人们消费水平的提高、新一代消费者消费意识的提升，更重要的是中国国力的增强。在这种背景下，中国茶有了新的表达方式，摆脱传统茶馆的"仪式感"和"深不可测"，以更接地气的方式让年轻人爱上中国茶！

茶，从一片小小的树叶，历经数千年，走进千家万户，让我们可以用中国人更熟悉的方式热爱生活！

一家茶饮店，看着很小，但也可以链接世界。

趁年轻，要折腾！

创业是一场永无休止的马拉松。

年轻人更喜欢用创业的方式改变命运、表达自我，在未来，一家家个性十足的茶饮店，能满足年轻人对创业的想象，因为茶饮店先天具有的社交属性，以及后天具有的美学属性，能给那些富有激情与想象力的年轻人带来无尽的施展才华的空间！

最后，感谢为这本书提供各种帮助的专家老师和与我一路相伴的粉丝朋友；我在撰写这本书的过程中也借鉴了不少网络灵感，比如红餐网、咖门、饮品快报等，这些都是我经常关注和学习的媒体平台，也感谢"餐饮陈大夫""菓菓加""大韭哥聊加盟""马沐沐创业杂记""徐小稀说营销"等优秀的自媒体账号，让我学到很多，书中也有不少观点来自这些创作者朋友们，感谢你们，成书不易，希望我们可以一起为中国的茶饮事业做点事。

茶饮店就这样干

目 录

第一章

开店之前热热身，
创业初心要记清

多数人创业的目的是赚钱，但赚钱却不是创业的唯一目的。创业能否得到好结果，取决于一个人的创业心态好坏，以及创业前的准备是否充分。在创业之前要想清楚自己有什么，想要的是什么，把一切资源准备到位；在创业过程中要全力以赴，犯错后要及时修正反省，顺利时同样要戒骄戒躁、及时总结。

认清当前的茶饮店行业创业环境，尤其是认清你所在区域的茶饮店品牌发展情况是你在计划要开茶饮店时首先要面对的问题。茶饮店行业存在竞争不可怕，你有没有差异化的竞争优势是关键因素。在本章中，我会展示一个完整的茶饮店创业世界。

如果想创业是一种病，

行动就是一剂良方，

开家茶饮店，

是年轻人小成本创业的最佳方案……

一、你适合开茶饮店吗

看着大街上花花绿绿的茶饮店招牌，一些店面还有顾客排着队，看起来生意很好的样子，您真的没有心动过要开一家茶饮店吗？

路上你偶尔路过某家茶饮店，可能被店面广告吸引，也可能被热情的茶饮店小伙伴塞进手里的优惠券吸引，于是你忍不住停下脚步，排队买了一杯奶茶，还真的挺好喝！这时每个月工资只有 7000 元的你，会不会也想开一家这样的茶饮店呢？

当你回到家，打开手机刷短视频时，又会看到手机里充斥着各种茶饮店的信息：蜜雪冰城门店数量超过 10000 家了；喜茶又获得融资，并且准备上市了；茶百道的加盟政策分享；古茗的面试攻略，等等。于是，关注各种茶饮店品牌的行业信息，成了你的业余爱好！

到了深夜，看着已经熟睡的孩子和家人，你彻夜难寐，有点

▲街上各种茶饮店招牌

小兴奋，也有点小焦虑："我的人生难道就这样碌碌无为了吗？"

"不行！我要创业！我要开家茶饮店！"——你产生了这个念头。

加上身边喜欢奶茶的小伙伴的鼓励，你终于下定决心要开一家茶饮店！

但是，当你真的准备开茶饮店时，一切又变得无从下手！

想加盟一个品牌，但是听说很多品牌是快招公司，一不小心，很容易被割韭菜！

想自创一个品牌，但是想到要给店铺起名字，要做品牌 LOGO 设计，要装修设计店面，还要找商铺、选产品、招茶饮师等，感觉很麻烦。

想去找个茶饮店打工，但是打工一两个月，只学了些皮毛，真的就能开好茶饮店吗？

你以为茶饮店顾客都在排队，但也听说有的茶饮店会请人去排队！

你以为茶饮店就是靠卖"水"赚钱，一杯奶茶只要两三元钱的成本，

可以卖十几元，但你忽略了还要考虑杯子、吸管成本还有推广费用。

你以为开家茶饮店很简单，用不了几个人，实际上一家小小茶饮店，少说需要三四个员工，多的可能七八个员工也忙不过来。

太多的你以为……

"那么，我到底还适不适合开茶饮店呢？"

每个人在做茶饮店创业之前，都要先给自己"灵魂三问"："我真的适合开茶饮店吗？我有开好茶饮店的优势吗？我如果赔钱了怎么办？"

你先别急着自己给自己答案！

你可以冷静一下，等想清楚了再给出答案。

你更可以在看完这本书之后，再给出答案。

二、先泼一盆冷水，茶饮店真能开起来就赚钱吗

大家开茶饮店的想法，或多或少都来自于网络宣传或是对茶饮店的直观印象。

网络上各种关于茶饮店的新闻轶事，让"奶茶"和"茶饮店"这两个词成为热搜关键词，而大街上一家又一家的茶饮店，更是不断让人们产生想开家茶饮店的冲动！

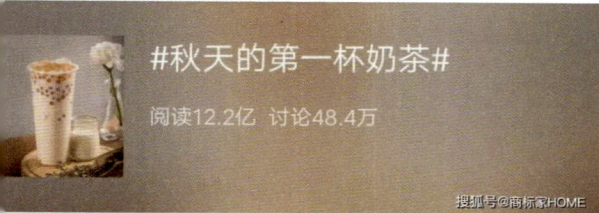

#秋天的第一杯奶茶#

阅读12.2亿　讨论48.4万

搜狐号@商标家HOME

▲"奶茶"成为热搜关键词

喜茶、茶颜悦色、古茗、茶百道、蜜雪冰城等这些茶饮连锁品牌。也在不断地"暗示"你：开茶

饮店肯定是赚钱的生意！

对了，还有一个让你感觉茶饮店很赚钱的因素就是：这是卖"水"的生意，一杯奶茶成本两三元，随便就可以卖到十几元，甚至是二三十元！

好！那么我们就算一算一杯奶茶的成本到底是多少钱。

我们用最常见的珍珠奶茶为例做参考。

假设一杯珍珠奶茶售价是 10 元，用 700ml 注塑杯出品，你以为的是：奶茶茶底成本 1 元，一份珍珠 0.5 元，一共算下来才 1.5 元，毛利率能达到 85%！

但是，你可能真的被"奶茶是个暴利行业"这个表象骗了！

因为，一杯奶茶的基础成本，至少还应该包含每杯奶茶用到的杯子、盖子/封口膜、吸管、袋子等这些包材成本，这些成本核算起来至少也要在 1～1.5 元，这样算下来，这杯珍珠奶茶毛利率就变成了 70%。

哪怕用更好的茶底、鲜奶、珍珠，每杯成本可能也不会超过 2.5 元，一杯最少卖 10 元，毛利率起码也在 65% 以上，这是不是真的跟"卖水"一样赚钱呢？

算到这里，你千万别太乐观。

因为，这还没算完！

由于茶饮店竞争激烈，经常要做

▲一杯珍珠奶茶

各种优惠活动，这样一来，奶茶的毛利率又要缩减。

此外，做外卖的毛利率也是低到不可思议的地步！因为外卖除了以上提到的成本外，还要考虑外卖平台的抽成，以及平台曝光和推广费用。

把这些成本都算上，才能算出一杯奶茶的毛利率，连锁品牌奶茶的平

均毛利率也就在 60% 左右，甚至有些品牌奶茶毛利率只能到 55% 左右。

而这还仅仅是产品的毛利而已，还没算房租、水电费、人工成本、装修折旧及设备折旧等费用。

这样全部算下来，"茶饮店是个暴利生意"这句话你还信吗？

然而，茶饮店真的也有不少赚钱的案例！

特别是在早些年，行业竞争不算激烈，茶饮店的收益非常可观，"九个月回本""半年回本"甚至"三个月就回本"的茶饮店创业神话不在少数！

但是这些茶饮店的成功，主要还是因为行业竞争不是很激烈，房租不高，选址很好，管理得当，再加上总部给力。其中，被誉为"县城茶饮之王"的蜜雪冰城就是其中的佼佼者！

我每次路过蜜雪冰城的店，都有一种强烈的感受：这家店看起来就很赚钱！一眼望去，门店五彩缤纷的，即便店里没有一个顾客，都能传递出生意很"旺"的感觉，这是什么原因呢？

如果你仔细观察会发现，每家蜜雪冰城的店面设计从上到下依次有：条幅、电视屏、吊旗、吧台异形卡、前台海报、门口海报，以及从门店外台阶延伸到地面的海报，产品推广信息铺天盖地，丰富而且有序！

可以说，蜜雪冰城在营销展示方面，不放过有限空间的每一寸面积，不浪费顾客每一秒的注意力！

蜜雪冰城有一种很强的"抓人能力"，一切营销活动的目的都指向拉客和产品推荐。这些信息从 5 米开外就会进入顾客视线。顾客走到门口，如果有购买需求，很难不进店来一杯，并且进店之后能快速明确点单目标。

蜜雪冰城颜色鲜亮的门头，远远地就能吸引人的注意力，门头下的条幅充分利用空间打广告，如果还有空间，异型灯饰和立体字也都会被充分利用起来。

此外，蜜雪冰城在夜晚有明亮的灯光，能给人带来归属感，细节做得很到位，即使闭店，卷帘门也可以 24 小时"站岗"。

这样看来，蜜雪冰城能在全国有超过 1.5 万家门店，是有原因的。天天看这样的店怎能让人不心动呢？

▲蜜雪冰城门头图

加上身边总有朋友说某个人因为开了一家蜜雪冰城半年多就回本了，一年就买车买房，甚至还有人开了不止一家蜜雪冰城！总听到这些信息，怎么能让你这个还在赚固定工资的同龄人不心动呢？

读到这里，估计大家也心动了吧？

是不是你的心里也特别想开家茶饮店，也想体验一把"半年回本"的快乐？

先泼你一盆冷水，下面是一则关于投资一家品牌茶饮店的隐喻。

"世界永远遵循着二八定律，投资一家品牌茶饮店也是如此！选择一个规模很大的连锁品牌，犹如加入一支蚂蚁大军，我们找到了归属感、安全感，也找到了融入集体的身份认同感，不再单打独斗，我们拥有了团队作战的荣耀！但是蚂蚁大军中也分三六九等，只有那些表现最好的蚂蚁才有机会获得最多的资源和食物，更多的蚂蚁只是活着，它们撑起了蚂蚁大军的荣耀，但是依然经不起周围的些许风险。"

虽然我们不能过分放大创业的风险，也绝不能过于乐观地放大创业成功的机会。既然选择创业，机会必然和风险并存，只有我们时刻保持清醒，正确认知自己、认识行业、认清自己的选择，才能把风险降到最低。

那么，茶饮店到底能有多赚钱？肯定要等你做了之后才知道，但是提前认真做点准备、降低你的开店风险总不会错，这就是我写这本书的用意！祝你好运！

三、谁说合伙生意做不成，找好你的事业合伙人

我的一位朋友，因为受不了枯燥的拿死工资的工作，前几年和他的朋友，一行三人做了一家咖啡公司，主要业务是做品牌孵化，并且开展连锁加盟业务，结果公司运作不到两年，他们就从当初的豪言壮语、志同道合，最终分道扬镳，好朋友也成了路人，到现在几年过去了，几个人依然互不往来。

熟人之间不是不能合伙做生意，而是要思考怎么做。合作之前，一定要慎重，要真实地了解各自的资源、资金实力，以及各自的真实诉求，相互之间都清楚了各自的游戏规则以后再合作。

合伙做生意，"合"的是资源互补、能力互补；"合"的是资金和工作内容以及工作分工，志同道合是合伙做生意的前提。

一阴一阳谓之道，什么事情都有两面性，熟人合伙创业，优点也不

少，比如，可以聚集能力和资源，共同承担经济风险，发挥自身优势，实现各自的价值，使平台价值最大化。缺点也很明显，毕竟是合伙做生意，每个人都关心自己的利益得失，一旦利益分配不均，就容易出现相互猜忌，加上权利的分配失衡，很容易出现经营问题。

我朋友的公司就是这样，刚开始几个人都是信誓旦旦的，有钱的出钱，有力的出力。公司创立阶段大家一起努力付出，都很辛苦。因为每个人都是股东，也没有冲突和怨言，第一年公司业务发展顺利，每个人各有收益，大家也相安无事。但是随着第二年业务增长过程中业绩波动，就开始出现合作问题，出钱多的一方责怪负责市场的一方"钱分得多却不担风险"；负责市场的一方责怪其他股东"出工不出力还白拿分红"。于是，大家开始各打算盘，搞小帮派，甚至各自打起了供货商的主意，一时之间，公司内部乌烟瘴气。最后，几个股东直接清算股份，自立门户，成为竞争对手。在这个过程中，没有一个赢家！

总结一些失败的合伙生意，你会发现一个共同点，那就是当生意开始赚钱的时候，每个合伙人都想赚得更多，而不是和其他合伙人分享；当公司运行出现困难的时候，每个合伙人都想少赔一点，责任承担得少一点！

万事万物皆有规则，合伙做生意更要讲究规则，并且大家要共同遵守规则！

首先，项目发起人寻找合伙人的动机要纯粹。

在你想与人合伙做生意的时候，先问下自己："我为什么要找合伙人？"是因为缺钱？缺技术？还是缺人？合伙人扮演什么角色？你是否愿意付出适当的代价来吸引合伙人？把这几个问题反复琢磨清楚以后，你再看看这些合伙人是否适合你，以及是否适合你的团队。

你找合伙人的动机，直接决定了未来合伙的过程是否愉快，以及最终的结果是否是你想要的。

我有一个朋友要启动一个新项目，项目利润虽然看着挺可观，但是他总感觉有风险，心里没底。于是他想找个人来共担风险，就劝说他的一个同学加入。那个同学投资了 50 万元，但是没过多久，他就发现我这个朋友的项目有许多不完善的地方，感觉上当了，想撤出资金，但是项目已经运作了，资金已经花了，我这个朋友肯定不能在这个时候给他退股，于是两个人因为这个事儿大闹一场，最后关系很差。

这就是一个典型的合伙动机不纯的案例。

这个朋友并没弄清楚，合伙做生意到底意味着什么。商业合伙的本质，不是共担风险，而是共同致富！在合伙之前你有责任和义务把项目的起因、前景、进展、核心优势、合伙规则，甚至是可能遇到的风险跟对方讲清楚，把责任权利义务说清，把丑话说到前头，才不至于在后面彼此翻脸无情。

其次，项目发起人要选取合适的合伙人。

选合伙人很关键！合伙最重要的前提是"志同道合"，对项目发展的"三观一致"。

项目合伙人分为资源型合伙人、技术型合伙人、投资型合伙人、工作搭档型合伙人。所谓资源型合伙人是指对方能给你带来某种资源，例如人际关系、销售渠道、供应链支持，或是商业信息等，一般行业的专家老师及能带来销售机会的商场高管等比较适合作为资源型合伙人，他们往往都是有社会资源的，对于你的项目有助力作用；技术型合伙人是团队的技术骨干，通常是看好这个项目，愿意和你共同发展的合作伙伴；投资型合伙人是基于对你本人或是对项目的信任，直接出钱投资占股；工作搭档型的合伙人是愿意和你同甘共苦，一起打拼的合作伙伴。

不同的合伙人加入项目的目的和初心是不同的，所以，你要弄清楚他们参与合伙的目的，把责权利分配清楚。

再次，制定好合伙人合作机制。

合伙不是一起过家家，各方参与人是有各自的权利义务的。

不同的合伙方式对应不同的责权利分配方法。以下是几个需要合伙人注意的事项。

1. 股东和股权合伙人不同

二者名称近似，实则大不相同。前者是真正意义上的股东身份，享有相应的股东权益，后者则是享有股份对应的权益，并没有对公司的实际拥有权。你可以根据你的合伙性质，来定义合伙人到底适合作为你的合伙股东，还是作为你的股权合伙人。

2. 投入多少钱就拥有多少股份吗

这是不一定的，因为对一家店来说，有的人只投资，不参与管理，有的人既投资又参与管理，有的人不投资但是却担任着重要的角色，并且还具有重大的价值，他们都可以成为股东或是享有相应的股权，这时投入的钱和其对应的股份或是股权就有可能不一致了，这一点，每家店的投资合作情况不同，在这里就不赘述了。

3. 吸纳员工合伙不能靠套路员工

很多创业者都想吸纳员工尤其是想吸纳店长入股，认为这样能让自己更放心，也能让店长更踏实地跟自己一起干！

但是，理想很丰满，现实很骨感。

想吸纳员工合伙，需要注意以下三点。

第一，如果是新开的店，盈利情况都不清晰，大家彼此之间还在相互试探期，信任和默契都没建立，员工哪敢入股合伙？等到你的门店盈利了，员工才更愿意跟你合伙。

第二，入股合作不应该建立在降低工资的基础上，入股合作是资金投入，员工工资是员工正常的劳动所得，该得到的工资一分都不能少，要一码归一码！这个入股合作，不管是干股形式，"湿"股形式，还是干"湿"股份结合形式，员工终究是全职参与工作的状态，你不能因为他们是合伙人，享有股份/股权分红，而降低他们应得的劳动报酬。

第三，合伙后，在财务制度上一定要做到公正透明，并且一定要有明确的合伙协议，白纸黑字，明明白白，不能说一套做一套，一定要清楚他们既是打工者，同时也是合伙人，应该享有合伙人的一切权益，一旦基本的信任机制都没有了，再好的开始也会以分道扬镳结束。你一定要记住，合伙是合作共赢、各取所需，绝对不能套路员工！

4. 退出机制一定要明确

把怎么合伙说清楚了，怎么散伙也要说清楚。

很多人合伙就是拍脑门，结果遇到问题就发蒙。也有人合伙的时候对项目运作发展过于乐观，就没想到会遇到纠纷或是项目无法运转等突发事件，遇到合伙人要退出的情况，因为没有提前说好，结果闹得大家不欢而散。

世界上超过九成的优秀企业都是合伙制的，所以合伙生意遇到的问题，不是出在"合伙"二字上，而是出在怎么合伙、如何合伙上。既然大家因为共同的梦想走到一起，就应该珍惜一起合作的机会，按照事先说好的合作规则，彼此约束，共同遵守。

四、茶饮店也是一门生意，你敬畏什么，你就获得什么

一家茶饮店虽小，但是其中的学问很大，它也是门生意，是生意，就应该遵循做生意的规律。

1. 你要敬畏产品

只有好的产品，才能让你的门店长久生存，不要总是迷恋花哨的外包装和营销手段，尽管这些也很重要，没有吸睛的门头、独特的包装，很难吸引顾客的注意，但不得不说的是，再华丽的外表之下，一定也要有具有价值的产品！营销手段同样如此，除非你能持续输出各种有趣的营销方案，否则这些营销手段只能解决一时之需，最终能持久吸引用户的还是好喝的产品！

怎么才能获得更好的产品呢？

最重要的就是靠你在行业内积累的信息，得到更多的产品配方，经过不断地尝试，最终获得最理想的产品！

这里有个窍门！每个大城市，尤其是南方沿海城市，或是茶饮业发达的城市，比如说广州、深圳、长沙、福州、南宁、杭州、南京等地，都有很多成熟的供应链贸易商，他们都对行业信息了如指掌，他们能帮你研发出你想要的产品。

那么，什么才是理想的产品呢？

它应该具备**好喝**、**好看**、**好做**、**有利润**、**有供应链**这五个条件中的至少三个，而有供应链支持、有足够的利润空间是好产品的基本前提！

好产品的五要素＝好喝＋好看＋好做＋有利润＋有供应链

2. 你要敬畏选址

不要再有"酒香不怕巷子深"的传统观念了。

开茶饮店是一个流量生意，没有流量，再好的产品如果没人知道、没人了解、没人购买，都是枉然！

选店址，就是在选流量！

店址好坏已经决定了生意的流量多少！

流量又分为线下流量和线上流量！

线下流量的关键是，在处于理想商圈的前提下，尽量选取门店曝光量大的地方。但是这里有个误区，门店曝光量大，并不等于这些都是有效流量。对你来说，有效流量是实际进店的流量，也就是所谓的进店率，进店率越高，门店有效流量才越大，你才越有可能取得更好的业绩！如何取得更好的业绩，怎么提升进店率，后面的内容还会详细说到，我们慢慢看。

线上流量的关键是，在处于理想商圈的前提下，在线上开一个优质商铺，或是通过线上的流量平台不断曝光你的好产品、好服务，再配合有效的营销手段来赢得更多的客户。

那什么是理想的商圈呢？

（1）目标客群多的地方

比如你的奶茶定价在 5 ~ 15 元，那么目标客群可能是学生群体，以及年轻人，那你就要看，周边是否有学校？是否有超市？是否有商场？这个群体人数是否足够？你还可以参考百

▲ 南宁浅茶门店图

度的热力地图，红色越深的地段，经济活跃度就越高，人群活跃，消费力也越强，反之亦然。这个热力图是动态变化的，你要在早、中、晚不同的营业时段来观察测试。当然，热力图仅仅是其中一个辅助作用，另外一些工具就是某些可以查询商圈内的竞争对手情况、门店数量、消费情况等信息的 APP。

（2）线下同品类茶饮店或是餐饮店多的地方

比如奶茶、咖啡、果汁、面包店等相近餐饮品类多的地方。

这些同品类，或是相近品类的餐饮店多，说明这个区域目标顾客群体集中，消费力更旺盛，查询这些信息也很简单，比如点开手机地图，在搜索栏输入"奶茶"，或是某茶饮店品牌的名字，就能看出这个区域的主要同类品牌的分布情况，分布得越多、越密集，就代表这个区域的受众群体也越多。

（3）线上平台同品类餐饮集中的地方

比如你点开美团或是饿了么平台，搜品类关键词，就能知道很多同品类的品牌信息。外卖平台上，还能展示各个茶饮店品牌的菜单、价格、外卖数据，以及远近距离，这是一个非常值得参考的数据来源。尤其是该区域如果有多个高单量外卖店，那说明这个商圈的商业潜力就更大。

3. 你要敬畏规则

每个行业都有每个行业的规则，这些规则可能是经过几代前辈总结沉淀下来的，虽然不同时代会有所变化，但是基本的原则不会变！例如，认真按照配方流程做才有好的产品；养成好的工作习惯，随手清洁，每个环节干净卫生，产品才有卫生保证；认真对待每一杯产品，认真接待好每一个顾客，才能拥有更多的回头客；做好每月、每周的盘点，认真做好财务数据表格分析，你的财务不会乱，你的数据不会乱，你的工作思路会更清晰。

4. 你要敬畏你的初心

你的初心，不只是赚钱这么简单！

比开茶饮店更赚钱的生意还有很多！

你更想的是体面地赚钱，有尊严地赚钱！

你只有把店经营好，像对待一份事业一样对待一家茶饮店，你才能获得这份尊重。你通过经营一家小小茶饮店，得到同行的羡慕，获得伙伴的信任，满足家人的期许，这才是你的创业初心，而赚钱，只是顺理成章的事。

五、茶饮店创业三件事：找钱、找人和找商铺

前面的内容，我们讲了创业合伙人怎么找，也简单聊了聊怎么找商铺，后面的内容，我还会不厌其烦地反复提到这些话题，接下来我们简单聊聊，茶饮店创业的钱从哪里来？

开一家茶饮店需要准备多少钱呢？

如果是加盟品牌，算上品牌加盟费、管理费、保证金、设备费、首批原材料费用，再算上房租、装修这些，开一个头部茶饮店品牌加盟店基本都是在 40 万元起步，甚至要七八十万元！普通品牌或是区域小品牌，不算房租，也要投资 25 万元起步。

自创品牌的话，费用也不低，毕竟涉及品牌设计、包材定制、装修投入、产品研发、推广投入等，这些费用算下来，至少五六十万元，甚至上百万元，也是有可能的。

但是如果自己学点技术，买点设备原料，又有不错的商铺做基础，刚开始也没有多大的野心，没想做连锁品牌，就是抱着"小本创业，养家糊口"的心态，一家茶饮店的投入也不需要太多钱，设备、原料，自己亲力亲为加上简单装修，8万~10万元也就足够了。

茶饮店投资可大可小，问题是钱从哪里来呢？

首先，真心不建议你去贷款开店。

茶饮店并不一定是个香饽饽，开店也有风险，贷款开店很不可取。尽量做到"家有余粮，遇事不慌"，不要去贷款开店，当然也不建议你去找家里人借太多的钱开店。

其次，如果迫不得已需要找亲戚朋友借钱创业，一定要把创业的想法说清楚、讲明白，尤其是投资的利弊、风险得失、未来发展，都要跟对方说清楚，避免一旦投资失败，出现纠纷，创业失败是小事，失去了亲戚朋友的信任是大事。

想创业开茶饮店，但是钱不够怎么办？

今天告诉你一个新模式，不用花钱或是少花钱也可以开出自己的茶饮店！

这个模式叫联营托管模式。说简单点，就是用别人的钱开自己店，然后由你自己来管理。具体怎么操作呢？听我来慢慢讲。

首先，你可以找几个对项目投资感兴趣的朋友，或者特别认可你能力的朋友，大家出资来开你要开的店，有钱就多出点，没钱就少出点。然后你跟大家约定好，你来负责整个门店的经营管理，其他人只负责宣传宣传，隔三岔五带些朋友来捧场就行。

在门店回本前，你不参与分红，你只拿工资和管理费作为劳动报酬，门店的其他股东按投资比例分红。

这时候，你要问了，如果门店一直回不了本，岂不是一直拿不到分红？

当然了！

门店是你在经营管理，赚不到钱你能怪谁？连本都回不了，说明你的项目很差，还想参与分红？所以在回本前你不参与分红，回本后你再分。

那分红比例怎么算呢？

可以根据你这家茶饮店的回本周期来决定你的分红比例。比如说，经过你的努力，这家店 1 年内回本，那么你可以按利润的 50% 分红，剩下的 50% 按照其他股东实际出资比例分配。如果这家店在两年内回本，回本后的利润你可以按照 30% 分红，依此类推。

这种分红模式有两个好处，一个是对股东权益的保障，另一个是对你经营成果的认可。当然，你的管理费、工资以及分红比例，这些具体细节，以你和股东的商定结果为准，我只是提供一个思路和方法。

总的来说，这个模式可以帮助你整合身边的资源，如果店发展好了，你也可以用这个方法，把你的店长发展成你的合伙人。通过这个方法，你可以快速裂变门店数量，占领市场，提升品牌的影响力。

但是，前提是你自己够优秀，你的项目够优秀。

在本书的附录中，我整理了联营托管模式的《茶饮店合伙人投资合作协议》模板，你可以拿来参考。

第二章

品牌太多怎么选，

加盟、自创想清楚

标准化程度越高的行业，品牌化程度越高，品牌多了，竞争自然就更激烈，就带来了行业内卷。很显然，茶饮店行业，如今就是一个极度内卷的行业。茶饮店品牌多，这意味着市场需求大，怎么选品牌就显得尤为重要。如果你在茶饮店行业极度内卷的情况下，想做茶饮店创业，那么要想杀出重围，就需要极大的勇气和正确的方法。

一、茶饮店品牌这么多，到底怎么选

想开茶饮店，免不了要选择品牌，加盟一个好的茶饮店品牌，能够事半功倍。

选择一个好的品牌茶饮店，好处有很多。

首先，品牌定位清晰，可以帮你轻松进入市场。

品牌连锁店门店数量多，也应对过不同的市场环境，所以，成熟的连锁品牌是有很清晰的市场定位的，而建立在清晰市场定位前提下的选址、运营也会变得安全、可靠、有效。

其次，获得品牌成熟的经验，可以帮你迅速开店。

成熟的连锁茶饮店品牌，拥有完整的品牌视觉形象、店面形象、门店管理体系、线上运营标准、产品培训模块，以及成熟的原物料供应链，此外，丰富的连锁店管理经验，也能很好地指导你开店筹备，并帮助你应对在实际经营中遇到各种各样的问题。

再次，可以弥补你产品技术及创新能力上的不足。

很多投资茶饮店的朋友都是创业小白，对于茶饮的制作技术往往一知半解，甚至是一窍不通。成熟的连锁茶饮店品牌能够很好地弥补这一点，他们不只是系统地教给你制作每个产品，也会教你在实际工作中售卖这些产品的方法，这是一项非常难能可贵的经验！

如果说，好的产品是茶饮店的生命，那么产品的研发创新能力则是持续经营的关键！成熟连锁品牌拥有一支强大的专业饮品研发团队，他们通过全国各地门店的产品售卖数据反馈不断对产品推陈出新，而这一点是自己创业开店或是加盟一家杂牌茶饮店做不到的。

最后，选择一个好的品牌，可以享受成熟茶饮店品牌的原物料供应链体系。

在实际经营中原物料的成本开支永远是大头，而品牌连锁店由于拥有足够多的门店数量，原物料的成本优势就显而易见，并且大型的连锁品牌还拥有多个甚至数十个全国各地的物流配送仓，他们不但保障了加盟店的供货成本优势，也保障了加盟店的供货效率。

1. 选择连锁品牌也有一些需要你来克服的方面

（1）你没有产品的定价权

产品的定价要依照总部的统一标准来制定，当然越是成熟的连锁品牌，定价机制越完善，他们对价格体系的参照也更多。这就要求你在一开始选址时，要尽量选择和品牌市场定位"门当户对"的店址，来确保商圈消费能力和品牌的定价体系一致。

我不建议你去试图修改品牌的定价机制，毕竟是连锁品牌，考虑问题不是单考虑一家店，而要通盘考虑所有连锁门店，既然选择了品牌，就要遵守品牌的经营规则，这是最重要的事。

（2）你没有自行采购原物料的权限

大型的茶饮连锁品牌都拥有成熟的原物料供应链体系，并且在全国设立分仓，确保每家门店的供货效率和供货优势，所以这些品牌是严格禁止加盟店私下外部采购原物料的，除总部允许的范围内的地采物料外，总部有的原物料必须从总部进货。当然，如果你有好的供货建议，总部一般也会及时调整和优化供应链机制。

（3）加盟店经营成本较高且不可控

你必须要明白一点的是，总部的盈利肯定来自众多的加盟店，所以，总部在对加盟店的统一管理下，也有统一的盈利方式和管理方式，而加盟店既然选择了加盟的方式，就必须遵守加盟的规则，比如统一价格、统一供货、统一装修、统一出品形式、统一营销活动，而这些最终都会变成经营中的成本开支！这些成本开销对于一家效益好的店来说当然不算什么，但是对一家盈利水平一般的店来说，自然就会带来压力！

但是遇到此类事件，问题的核心已经不在总部，而在于你当初的选址，市场的竞争变化以及门店的实际经营水平，店已经开了，你唯一要做的就是想尽一切办法把业绩做好。

▲奈雪の茶门店图

2. 哪些茶饮店品牌可以对外加盟

当然，加盟一个成熟的、优秀的连锁品牌，是一个非常愉快的投资经历，反之，如果你不小心加盟了一家不适合的品牌，则会麻烦多多。

想加盟茶饮店，在选品牌之前，你要先弄明白哪些茶饮店品牌可以加盟、哪些茶饮店品牌不能加盟。

第一类，只做直营不开放任何形式的代理或者加盟的品牌，包括喜茶、奈雪の茶、乐乐茶、茶颜悦色、卡旺卡等，这些品牌只做直营，或是内部伙伴联营，不对外加盟。

第二类，不开放单店加盟，只做区域授权，合作经营的品牌，包括Coco 都可、一点点等品牌，这些品牌以区域代理形式为主，对加盟商的投资实力要求较高。尽管最新有消息说可以做单店加盟，但是投资加盟的门槛依然较高。

第三类，开放单店加盟的茶饮店品牌。大部分茶饮店品牌都是可以单店加盟的，比如沪上阿姨、益禾堂、古茗、蜜雪冰城、甜啦啦、书亦烧仙草、茶百道、七分甜、一只酸奶牛等。

第四类，快招公司旗下品牌。这一类品牌很多，他们往往借着明星的光环，或是打着山寨某品牌的旗号，利用你贪便宜的心理，设计各种套路让你加盟。想鉴别这类品牌其实并不难，在抖音上随便找个业内资深人士，就能轻松给你指明方向！不过说到这里，我相信能看到本书这部分内容的读者也不会上当，所以，我真心希望，你们能认真看这本书，多传播这本书。

以上说到的品牌在不同发展阶段也会有不同的发展策略，具体细节还要以品牌方官方网站公布的加盟信息为准。

3. 茶饮店品牌这么多，我们到底怎么选呢

茶饮店行业内卷的背后，其实是大品牌之间相互竞争产生的市场挤压，大品牌都在拼市场的占有率，所以，选对品牌特别重要。

第一，优选一线头部的大品牌！

能成为一线头部品牌，要么是资本实力雄厚，市场口碑好；要么就是门店数量多，市场影响力强。总之，既然你选择加盟品牌来创业，首先就要享受品牌带来的好处。品牌知名度高，自带流量加持，更容易做成生意，投资风险更低！当然，一线品牌考核标准高，这也是必然的，你选择品牌的同时，品牌也在挑选你！如果你能做一线品牌，就不要选二三线品牌，这是茶饮店创业的第一准则，实在选不到一线大品牌，再做下面的打算。

第二，尽量选本地已经有的，或是临近的城市已经有口碑的品牌！

本地品牌有本地品牌的优势，比如运营保障更好以及供应链更及时，并且本地品牌更熟悉本地市场，也更容易得到本地消费者的认同。原则上不要轻易替别人开拓新市场，除非你有经验，或是已经做好了充足的准备！

你要知道，并不是所有的"外来和尚"都会念经，在本地发展不错的品牌，如果你有好位置，照样可以选择，毕竟本地人更了解自己人。

▲小堂阿姨门店图

第三，合适的位置才是做好茶饮店的关键！

位置第一，其次才是品牌表现力！有了好位置，品牌就能发挥好自身的效力！除了那些头部品牌，以及自带流量的品牌，大多数常规茶饮店品牌的流量，都得益于选址。也就是说，对于一个好商铺来说，二三线品牌之间的差距不是很大。

第四，选品牌先看脸！

流量越来越重要的时代，选品牌更要围绕着哪个商铺能带来流量，哪个品牌能带来流量。视觉冲击力强的品牌更容易获客！

第五，选品牌就是选产品！

花哨的产品没有用，好喝不贵才是硬道理！千万不要拿自己的喜好来衡量品牌茶饮店的产品好坏，你要用商圈里目标顾客的口味喜好、价格接受度，来预测品牌茶饮店的产品好坏。

第六，产品定价很重要！

产品定价符合商圈属性是关键！当然也要关注产品的成本率！提前了解清楚品牌茶饮店的产品毛利，预估出自己目标商圈人群对价格的接受能力，结合店址情况，测算下营业情况，测算下能否盈利，这才是安全的投资！

第七，不要选快招品牌！

至于哪些是快招品牌，如何鉴别快招品牌，本书后面的内容会讲。

二、从喜茶到奈雪の茶，再从茶颜悦色到蜜雪冰城，细数茶饮店品牌的一二三

据不完全统计，截至 2021 年，国内新茶饮门店数已达到 37.8 万家，连锁化率达到 36%；预计 2023 年，新茶饮市场收入规模有望达到 1428 亿元。

1. 茶饮店品牌的阶梯划分

茶饮店品牌的分类方式有很多种，比如前面提到的以加盟方式分类的话，有直营的、区域代理的或是加盟的；按照品类赛道又可以分为以奶茶为主打赛道的，比如 Coco 都可、一点点、蜜雪冰城等；以鲜果茶为主打赛道的，比如喜茶、奈雪の茶、古茗等；以细分品类为赛道的，比如主打烧仙草的书亦烧仙草、悸动烧仙草；以柠檬茶为主打的柠季、丘大叔、挞柠等；以酸奶饮品为主打的一只酸奶牛等。

而以上对茶饮店品牌的分类方式，都是从行业内的专业角度去划分，而消费者对价格更加敏感。

所以，从这些品牌定价的维度，茶饮店品牌大致可以分为四个梯队，见表 2-1。所以，从这些品牌定价的维度，茶饮店品牌大致可以分为四个阶梯。

表 2-1 国内主要茶饮连锁品牌阶梯分布

分类	定价区间	代表品牌	备注
第一梯队	主力产品定价在 20 ～ 35 元	喜茶、奈雪の茶、乐乐茶……	阶梯分布以定价为主要划分原则，其他也参考市场影响力、网络曝光率及顾客口碑反馈。分类仅供参考
第二梯队	主力产品定价在 12 ～ 25 元	茶颜悦色、古茗、茶百道、沪上阿姨、Coco 都可、7 分甜、丘大叔柠檬茶、卡旺卡、SEVENBUS、茶理宜世、TANING 手挞柠檬茶、ARTEASG……	
第三梯队	主力产品定价在 10 ～ 19 元	书亦烧仙草、一点点、快乐柠檬、新时沏、吾饮良品、悸动烧仙草、一只酸奶牛、快乐番薯、黑泷堂、阿水大杯茶……	
第四梯队	主力产品定价在 5 ～ 10 元	蜜雪冰城、甜啦啦、益禾堂……	

当然，表中这四个梯队的划分也不是很准确，毕竟这些品牌的产品定价也一直在动态变化中，比如最近喜茶和奈雪の茶大幅降价，其中有不少产品，甚至直接跌破 20 元，而古茗的价格一直在默默提升；还有益禾堂的价格也提升不少，想悄悄地摆脱第四梯队，向第三梯队靠拢。

但是，不管这些品牌自身怎么调整，价格如何浮动，消费者目前对他们的整体印象，大致就是：高、中偏高、中偏低、低这四档。

知道了这些品牌的市场价格定位划分，也会对你创业大有帮助，因为这可以帮你迅速找到市场的对标产品，让你不会盲目地给产品做出市场定位。

2. 细数茶饮店品牌一二三

接下来，我把我知道的一些茶饮店品牌发展情况，逐一介绍并稍加点评，虽然是我的一家之言，但是或许可以作为你选择品牌的参考意见。以下内容纯属个人观点，如有偏颇，还望品牌方海涵。

（1）江门小城走出来的茶饮领头羊——喜茶

品牌：喜茶

总部所在地：深圳

品牌点评

2012 年，喜茶 HEYTEA 起源于广东江门九中街的一条小巷，原名"皇茶"，由于商标无法注册，所以在 2015 年全面升级为注册品牌"喜茶 HEYTEA"，目前全国门店数量超过 800 家。

喜茶经历了从江门小城的起源店，到中山小榄的市场检验，再到深圳海岸城，正式升级为喜茶，再到 2016 年 8 月获得第一笔融资，短短几年间，品牌发展在资本的助力下，一路开挂，实现了"从丑小鸭到白天鹅"的华丽蜕变，目前全国有超过 800 家店，全部为直营，市场估值超过 600 亿元，并计划于 2022 年赴港上市。

▲ 喜茶门店图

喜茶对中国新茶饮店行业的贡献实在太大。可以说正是由于喜茶的出现，才让街头的茶饮店不再是伫立街角的小生意，实现摇身一变，成为城市里的靓丽风景线，成为互联网时代的社交属性流量王。喜茶的出现，让无数年轻人加入到茶饮店行业的创业/从业大军，同时也成就了大量靠开茶饮店致富，改变命运的神话。喜茶的出现，也让整个茶饮店行业受到了资本的关注，以及社会的尊重，也为其他茶饮店品牌树立了榜样。喜茶引领了整个茶饮店行业的发展方向。喜茶的出现，也正式开启了新茶饮的新赛道，在传统茶馆和传统街头茶饮店的基础上，脱胎换骨，正面硬刚以星巴克为代表的西式高端饮品店市场，让越来越多的中国年轻人爱上中国茶。

（2）一口欧包，一口茶，新茶饮第一股——奈雪の茶

品牌：奈雪の茶

总部所在地：深圳

品牌点评

2015 年，奈雪の茶成立于深圳，创新打造了"新茶饮＋软欧包"的形式，以 20～35 岁的年轻女性为主要客群，目前在全国有近 700 家门店，主要集中在经济发达的一二线城市，全部为直营。

奈雪の茶的出现，打破了过去大家对茶饮店市场局限于做低中端品牌的固有认知，专注提供优质食材及现制的创意茶饮，选址城市高端商业中心的核心位置，以及提供富有设计感的体验空间。奈雪の茶走出了一条高端现制茶饮的发展路线。这既是品牌创新的成功，也是茶饮店品牌高端化的成功。

2021 年 6 月 30 日，奈雪の茶正式在港交所挂牌上市，被誉为"全球茶饮店第一股"。

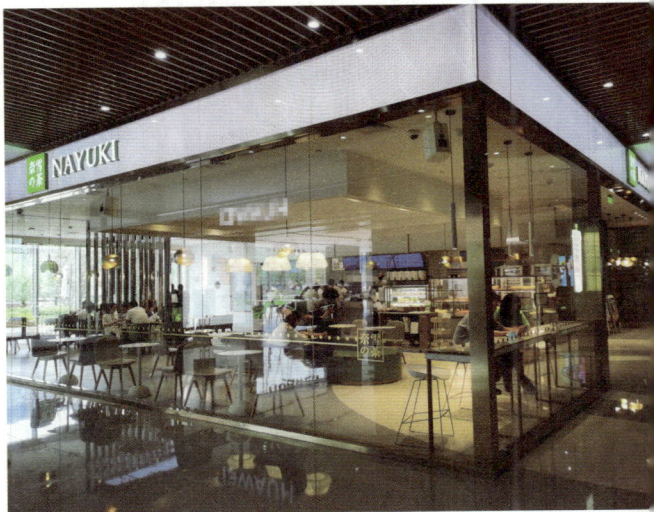

▲奈雪の茶门店图

可以说，奈雪の茶和喜茶共同开辟了中国新茶饮的新篇章。相较喜茶更聚焦茶饮，奈雪の茶则是把烘焙和新茶饮相结合，并更加重视对营业空间的打造，对标星巴克，营造城市新一代年轻人的茶饮第三空间。

（3）唯有茶颜能悦色，国风茶饮代表——茶颜悦色

品牌：茶颜悦色

总部所在地：长沙

品牌点评

我对茶颜悦色的喜爱，是我写这本书的初衷之一。茶颜悦色成立于2014年，是国内国风系茶饮店品牌的代表，也是国内第一个真正具有国风气质的茶饮店品牌。茶颜悦色以传统港粤台茶饮为基础，运用复合创新思维，把中国传统文化，尤其是以长沙为代表的湘派本土文化，融合在产品创新上，在制作茶饮时强调"中茶西做"，在形象上、产品命名上、产品包装上、店铺装修上都体现了传统的中国古典风格。

茶颜悦色大部分门店都分布在长沙市区，2021年初才开始逐步开放常德、武汉、邵阳、衡阳、株洲、重庆等地的门店，目前在全国有近700家门店，虽然门店数量不

▲ 茶颜悦色门店图

算太多，但是茶颜悦色的行业影响力巨大。

茶颜悦色门店全部为直营店，不对外开放加盟店，全部以总部直接投资或内部合伙联营方式开店。茶颜悦色除了极佳的产品表现、品牌视觉呈现，其服务更是被业内津津乐道，被誉为"茶饮界的海底捞"。

（4）宝刀未老，茶饮圈的资深大佬——Coco 都可

品牌：Coco 都可

总部所在地：上海

品牌点评

Coco 都可是中国台湾品牌，早在 2007 年就已经进入大陆，目前全国有超过 5000 家店，在一线城市和一些省会城市门店较多，并且已经在东南亚等地授权开店。在多数茶饮店品牌还处于产品营销，或是从产品营销向品牌营销过渡的阶段，Coco 都可早在 2015 年前后就已经完成了向品牌营销的过渡，并且在不少省会城市及一线城市开始向以"Coco

▲Coco 都可门店图

Cafe"为代表的新型门店转型，率先引入咖啡饮品，开创了街头茶饮＋咖啡饮品的先河。

目前 Coco 都可的加盟方式以区域授权为主，这样一来对加盟商的要求也更高，总投资也大了很多，整个申请和培训周期至少要三四个月，在官网上查到的加盟方式是：总部出资 150 万元，加盟方出资 150 万元，以

常住人口 100 万为一个授权区域，3 年内开 15 家店，公司占股 50%，店长占股 10% 作为激励，加盟商占股 40%。这个投资门槛相对行业内其他连锁品牌来说高了不少。

Coco 都可以算是成名较早的茶饮店品牌，在经历过快速发展之后，市场运作早已经趋于成熟，现有门店虽然看不到一些新兴品牌那种排长队的热闹场面，但是经营相当稳定，成本控制、内部管理也相当完善。但是作为成名已久的老牌茶饮店品牌，Coco 都可在营销运作及网络流量抓取上总是稍慢半拍，这或许和内部团队整体运营风格偏向"不求冒进，只求持久"的沉稳风格有关。

这里需要特别提醒一点，市场上有不少快招公司打着 Coco 都可的名义，招商加盟割韭菜，要特别小心这些公司。

（5）茶饮圈里的泰山北斗———点点

品牌：一点点

总部所在地：上海

品牌点评

投资一点点，算上品牌加盟费 5 万元，保证金 5 万元，设备投入预计 12 万~15 万元，装修预计 17 万~25 万元（具体看面积），此外，最好要准备一个小型仓库，预计 3 万~5 万元，不算转让费总投入 40 万~60 万元！一点点的产品毛利率是比较高的，基本在 60%~62%，回报周期也不错，基本在 1 年左右！

坊间有个说法是 Coco 都可和一点点是老牌茶饮店的泰山北斗！原因很简单，就是这两个品牌成名较早，都是最为知名的茶饮店品牌之一。

相对新一代的茶饮店品牌来说，一点点近两年的市场表现的确低调很多，但是在茶饮店行业内没有人会否认它是一个优秀品牌。一点点的定位很精准，就是做一杯好喝又不贵的奶茶！所以你看不到一点点太花哨的营销和包装，因为人家的关注点就不在那里。

一点点目前在全国市场的竞争力依然很强，以长沙市为例，在茶颜悦色、书亦烧仙草等品牌这么密集的"夹攻"下，一点点还是在长沙开出了100多家店！江浙沪等地更是一点点的主力市场。

最后我要说的是，一点点没有任何的子品牌，没有委托任何第三方做代招商，千万不

▲一点点门店图

要被割韭菜！官方网站才是唯一的加盟渠道，其他的渠道都是假的！但是申请加盟一点点的资格审核很严格，一定要提前做好细致准备。

（6）茶饮圈内都称赞的茶饮店品牌——古茗

品牌：古茗

总部所在地：浙江台州

品牌点评

古茗的全国门店数量已经突破6000家，尤其是在浙江、江西、福建等地发展尤为强势。价格区间在10～28元，主打鲜果茶和奶茶。这个品牌发展思路很清晰，避开一二线城市，主力发展三四五线城市，并且自设物流配送渠道。古茗每到一个新区域，先设前置物流配送仓库，并以此为

▲ 古茗门店图

基础在区域内密集开店，靠口碑提升单店成功率。

想加盟古茗，合同期为三年，区域保护为 500 米，算上品牌合作费、培训费、运营服务费、保证金、设备费、首次原物料费，不含房租和转让费，前期预算在 30 万元左右，以一家 30 平方米左右的古茗标准店为例，总投资预计在 45 万元左右。

古茗对加盟商的审核特别严格，坊间传言，古茗在每 70 多个意向加盟商中才能选出一个最合适的加盟商，也算是接近百里挑一了！古茗对加盟商筛选严格也是对加盟商的保护。古茗会特别"照顾"老加盟商，在新开设区域，往往优先招募老加盟商，确保老加盟商利益之后，再优中选优选出合适的新加盟商。而古茗对新加盟商也是有保护机制的，除了对新加盟商的严格筛选，还要对新加盟商进行系统的专业培训，并且如果新加盟商在合同期第一年关店，公司会退还全额加盟费；如果第二年内关店，公司退还 2 万元的加盟费，以此类推，这对新加盟商来说也是个保障。

（7）甜品杯装化的代表——七分甜

品牌：七分甜

总部所在地：江苏苏州

品牌点评

七分甜是国内率先将甜品杯装化的茶饮店品牌，被誉为"第一杯杨枝甘露开创者"。七分甜的前身是"谢记甜品"，2015 年改名为"七分甜"，总部位于苏州，门店广泛分布在华南地区，以及西北等地，门店规模超过 1000 家。七分甜创始团队很具有产品经理人特征，对产品要求很高，产品研发投入也大，例如在上海店推出的"上海小笼包杨枝甘露"，一上市就登上了微博热搜榜！

▲七分甜门店图

七分甜还得到了雷军旗下的顺为资本领投的 1.2 亿元融资，用于加快门店开店速度、完善供应链和加大门店数字化建设。

七分甜的门店分布在商业区或是商场内的比较多，标准门店总投资在 45 万元左右，算是一个比较稳的茶饮店品牌，未来也有望成为区域茶饮店品牌的黑马。

（8）外卖王者，茶饮圈黑马——茶百道

品牌：茶百道

总部所在地：四川成都

品牌点评

茶百道是最近三年非常火的茶饮连锁品牌，目前全国有超过 5500 家门店，主要分布在西南、华中、华南，并开始逐步向山东、东北、陕西等地布局。产品主打水果茶，定价在 12 ~ 20 元。此外，茶百道把熊猫作为自己的 IP 形象，非常有辨识度，整体设计感也特别突出。茶百道的投

▲ 茶百道门店图

资预算，算上加盟费、保证金、装修费、培训费及外卖平台的管理费，不算商铺转让费和租金费用，预计在 30 万元左右，单店总投资额需要 45 万元左右。想加盟茶百道需要提前让店员到总部接受 21 天的培训考核，从理论到实操，系统学习茶百道的产品制作和经营策略。

茶百道外卖做得好，这是最被圈内人津津乐道的。事实上，重视外卖平台的运作，的确也是茶百道最重要的市场策略，毕竟作为后起之秀，要想迅速找到一个突破口并不容易，而近几年，年轻人对外卖的需求激增，刚好给茶百道提供了一个展示实力的机会！于是茶百道迅速在外卖平台发力，通过一系列精细的外卖系统操作，在全国开设了多家月销万单的样板店，加上全新的 IP 形象，使茶百道迅速成为茶饮店行业成长速度最快的品牌。

预计茶百道未来会趋向平稳发展，毕竟单纯靠外卖平台的运作，客单价毛利偏低，并且随着茶饮店行业的内卷，单一靠外卖数据来赢得市场，还是不够长久，所以，未来茶百道应该会不断巩固供应链，不断加强产品研发，并进一步加强线下实体店的堂食或是外带业绩。

（9）这个"阿姨"越来越时髦——沪上阿姨

品牌：沪上阿姨

总部所在地：上海

品牌点评

沪上阿姨目前在全国有超过 4000 家门店，其中一线城市有近 3000 家门店，其他大部分分布在安徽、山东、河北、江苏、浙江、江西，以及东三省的二三线城市，产品价格区间在 10～18 元，主打现煮五谷茶，也有水果茶及其他各种奶茶。沪上阿姨单店的总投资不算高，

▲沪上阿姨门店图

算上品牌授权费、保证金、开店服务费、培训费、设备投资，以及首次原物料费，不算转让费和房租，预计在 27 万元左右，单店总投资预计 40 万元左右。

沪上阿姨是一个非常有想法的茶饮店品牌，发展思路非常清晰且有逻辑。起初沪上阿姨以"现煮五谷茶"为特色，形成独特的差异化市场，借助奶茶细分赛道的红利迅速崛起。门店规模、品牌影响力发展起来之后，又转型鲜果茶，进入到更广泛的赛道，并且顺利拿下多轮融资，用于加强门店数字化管理和供应链建设，沪上阿姨也是长江以北主打鲜果茶的品牌中，门店数量最多的。2022 年，沪上阿姨也在成为发展颇为亮眼的茶饮店品牌。

（10）柠檬茶界的黑马——柠季手打柠檬茶

品牌：柠季

总部所在地：湖南长沙

品牌点评

长沙可以说是网红茶饮店品牌的制造基地！茶饮圈的茶颜悦色、果呀呀、半仙豆夫、Arteasg 总部都在长沙，而这两年，长沙茶饮店品牌里发展最快的就是柠季手打柠檬茶。柠季在短短两年时间里开了400多家店，除了在大本营的长沙，还在武汉、上海等地开了不少连锁店。

▲柠季门店图

柠季跟茶颜悦色一样，首批店先在长沙核心区密集开店，然后通过一系列的市场运作，迅速造成排队效应，几乎家家火爆，迅速成长为长沙本地新晋网红品牌。

那么柠季是怎么做到这一切的呢？

①柠季背后的操盘团队很厉害，年轻有活力且资金充足，也很懂年轻人的消费需求，他们请专业设计团队做出个性鲜明的视觉形象，特别容易吸引年轻人来打卡、拍照、种草、传播。

②柠季刚好踩中了柠檬茶赛道的风口，并且把柠檬茶和本土元素相结合，开发出桂子油柠檬茶等很多有地方特色的柠檬茶产品线，先发制人，牢牢占据"长沙制造"这个概念，深得本地消费者的共情共鸣，引发本地人的喜爱。

③商业模型在反复验证之后，迅速在小红书、大众点评、抖音等媒体平台种草，引发全网传播裂变，制造品牌轰动效应，拉升品牌势能。

④长沙原本就是网红城市，网络传播流量特别大，所以，柠季就在长沙外地游客最为集中的区域迅速密集开店，迅速积累并放大营销势能。虽然这些核心地段房租不菲，但是却能最大限度地获得品牌曝光，这样一来，柠季不但迅速让本地年轻人无人不晓，也吸引外地游客纷纷打卡。

⑤借势并顺势吸引资本以及客户关注，为下一步进入更大市场做准备。事实上柠季也的确做到了，它不但迅速得到了几笔融资，还将总部搬至上海，开始布局全国市场。预计柠季将会把柠檬茶赛道继续炒得火热，我们可以持续关注。

（11）广东新派柠檬茶的佼佼者——挞柠手打柠檬茶

品牌：挞柠手打柠檬

总部所在地：广州

品牌点评

挞柠在广东非常出名，有 400 多家店，尤其是在广州的街头几乎随处可见。柠檬茶在广东地区是最接地气的饮品，人人爱喝，所以要想做创新是很难的。挞柠算是在柠檬茶这个品类上，创新意识最强的，也是最早用袋装柠檬茶的茶饮店品牌之一。袋装柠檬茶手提方便，可以随时打开喝，也更容易携带。挞柠手打柠檬茶门店的整体装修风格偏向赛博朋克柠檬黄色调，非常符合年轻人的视觉审美喜

▲挞柠门店图

好，并且招牌醒目，顾客在很远就能看到。

很多人担心，柠檬茶走不出广东，但挞柠的产品创新能力也是很强的，他们会根据不同地区的消费习惯研发相应的产品，比如他们在长沙就出品过带有辣椒味的柠檬茶，当地人很喜欢。

山寨品牌在柠檬茶赛道也很猖狂，市场上已经出现了挞柠的山寨品牌，所以做这些品牌要特别小心。想找到这些正规品牌的联系方式特别简单，你可以直接搜索官微，或是去连锁店买杯柠檬茶，包装袋上都有正确的联系方式。

（12）细分赛道的教科书级案例——书亦烧仙草

品牌：书亦烧仙草

总部所在地：成都

品牌点评

目前书亦烧仙草全国门店数量已经超过 7000 家，门店数量仅次于蜜雪冰城，并且有望成为中国第二个破万店的连锁茶饮店品牌。书亦烧仙草的品牌设计感也很强，并且牢牢抓住了烧仙草这个奶茶细分品类，协同七分甜一起开启了甜品杯装化的热潮。

▲书亦烧仙草门店图

书亦烧仙草的产品定价在 10 ～ 18 元，人均消费 12 ～ 14 元。加盟书亦烧仙草，算上加盟费、保证金、管理费、设备器皿、首批原物料、装修费，不算房租及转让费，投资预算超过 30 万元，单店投资总预算要在 45 万元左右。

书亦烧仙草对加盟商的要求也很高，比如需要加盟商具备大专学历，年龄在 20 ~ 40 岁，并且需要本人亲自参加培训，全职经营门店，不能有合伙人等。

书亦烧仙草绝对是茶饮店行业教科书级的案例。书亦烧仙草略带国风气质的装修风格，婉约中不失大气，书法体的灯箱布招牌也特别醒目亮眼，品牌识别度奇高，产品以烧仙草为主打，顾客还可以选择添加多种小料，一句"半杯都是料"，再配上招牌烧仙草的主题海报，给人印象深刻。

2022 年初，书亦烧仙草为了摆脱大家对"烧仙草"的固有认知，全新升级了品牌形象，并且也在加大鲜果茶的上新力度，相信未来书亦烧仙草的产品线会更加丰富。

书亦烧仙草的内部管理和供应链的完善程度都十分成熟，2021 年底，更是签约"大湾区明星——陈小春"，掀起了一轮颇为有效的流量热潮，强势开出几百家店，并且于 2022 年初顺利拿下近 6 亿元融资，这预示着书亦烧仙草也即将开启上市之路，我们可以继续关注。

（13）下沉市场的奶茶之王——蜜雪冰城

品牌：蜜雪冰城

总部所在地：郑州

品牌点评

蜜雪冰城是国内首个破万店的茶饮店品牌，2021 年底，甚至还率先突破了 1.5 万家店！

投资蜜雪冰城，我在网络上查到的数据是，加盟费每年是 1.1 万元，设备费是 8 万元，装修费 8 万 ~ 10 万元，首批原物料费 5 万 ~ 8 万元，不

▲ 蜜雪门店图

算房租和转让费，开一家蜜雪冰城也要准备近30万元，单店整体投资要40万元左右。

蜜雪冰城产品的价格区间在4~10元，以"冰激凌+奶茶"模式，走极致性价比路线。

早期加盟蜜雪冰城是很明智的，市场竞争不是特别激烈，加上蜜雪冰城率先具有的规模化优势，早期的加盟商赚钱的有很多。但是现在蜜雪冰城面临的市场竞争很激烈，书亦烧仙草、古茗、茶百道、益禾堂等品牌已经纷纷具有规模化优势，并且这些品牌在视觉形象及产品品质上都与蜜雪冰城存在差异化，所以蜜雪冰城在不少区域也曾经处于被动地位。但是蜜雪冰城可并不简单，他们找了国内知名的品牌策划公司——华与华，做了全新的品牌升级和战略布局，全新升级后的蜜雪冰城，开始尝试开设大型店，大型店视觉冲击力更强，营销能力也更强，并且还在2019年率先打造私域流量池，如今蜜雪冰城依然是最有市场竞争力的茶饮店品牌之一。

现在开蜜雪冰城门店最大的问题是：门店数量太多，没有好位置可选。

蜜雪冰城客单价低，平均毛利只有55%左右，只有人流量非常大的地方才能够保证它的销量，所以蜜雪冰城对位置要求很高，现在蜜雪冰城门店都已经接近1.5万家了，好的位置差不多都开了。如果你所在的城市没有蜜雪冰城，或者说你有资源能够拿到流量特别好的门店，那么开一家蜜雪冰城确实是一个非常不错的选择。

（14）一款烤奶打天下——益禾堂

品牌：益禾堂

总部所在地：武汉

品牌点评

益禾堂总部在武汉，虽然在武汉本地门店数量不算多，影响力也不算大，但在广东、广西和海南等地，影响力很大，全国门店数量已经突破5000家。益禾堂在2020年开始加大北方市场布局，在河北、辽宁等地也逐渐产生影响力。

▲益禾堂门店图

益禾堂早期重点开设店面的区域是大学周边，所以产品定价较低，价格区间在8~18元，主打产品是益禾堂烤奶以及各种水果茶和奶茶。益禾堂烤奶带有浓郁的焦香口感，深受学生和年轻群体喜爱。

加盟益禾堂，合同期为三年，算上加盟费、保证金、品牌管理费、首批原物料费、设备费、不含转让费和租金，总投资预算在30万元左右。

由于益禾堂在早期的发展过程中没有做好自身的品牌保护，以至于山寨益禾堂很多，严重影响了正牌益禾堂的市场口碑，不过近两年，总部也开始发力加强自身品牌保护，清理掉不少山寨品牌。

为了进一步提升品牌的竞争力，益禾堂最近两年也在不断寻求突破。

在 2021 年不但全新升级了门店形象，调整了菜单价格，同时还在菜单上增加了鲜果茶产品。

现在益禾堂面临最大的问题仍然是市场竞争力，全新升级后的益禾堂，定位稍显模糊，视觉体系及定价方面在从第四梯队向第三梯队靠拢，但是顾客对其品牌的印象仍旧停留在第四梯队，这样做的结果就是容易丢失一部分老顾客。

不过，益禾堂毕竟是成熟的大型连锁品牌，竞争力还是有的，一切事在人为，关键要看好位置。

注：以上文中各品牌的信息及数据来自网络，仅供参考。由于每个品牌方加盟政策也会动态更新，具体以各品牌方的官方信息及数据为准。

三、自创茶饮店品牌养成记，区域品牌的突围战

想开茶饮店，又不想加盟，想自创品牌，有机会吗？当然有机会！

加盟连锁品牌尤其是大型连锁品牌，的确有很多优势，最大的优势就是规模化带来的品牌优势和供应链优势。但是品牌方要想快速实现规模化，往往选择加盟连锁的方式，这样一来，每家门店的管控水平就会有差异。此外，品牌方要做到快速规模化，则需要实现运营标准化，从而容易复制，这样就牺牲了服务的个性化以及产品的特色化，反而使品牌门店的竞争力下降。这样一来，自创品牌的机会就来了。自创品牌通过个性而有张力的门店设计，更好的出品能力，更及时的营销和服务能力，形成了门店的差异化竞争力。

此外，自创品牌由于老板的亲力亲为，管理服务上也会更用心，服务人员多为本地人，服务上也更加得心应手。

所以，只要你发现了茶饮店背后盈利的逻辑，自创品牌依然机会很多。做自创品牌，不要担心竞争激烈，而是要担心你有没有竞争力、有没有能力做出差异化产品。这不需要你超越对方总部旗舰店，只是让你超越对方的一个小小加盟店，并没有那么难。

接下来的内容，我会详细分享如何做自创品牌，以及区域小品牌如何突围市场。

1. 自创茶饮店品牌的六步法

想自创茶饮店品牌，没有那么难，弄懂以下这六步，轻松自创品牌！

第一步，选好品类，做好定位。

卖什么？在什么样的地方卖？卖给谁？定什么价位？有没有持续稳定的供应链支持？有没有稳定的运营团队？是做直营盈利，还是做加盟招商、样板展示，或者是主打做外卖？这些是在自创品牌之前你必须要提前想清楚的问题。

毕竟自创品牌和开一个单店的思维方式是不一样的。开一家单店，无须考虑太多，一切从门店经营的实际出发，怎么赚钱怎么来，是寻求单店收益的最大化；自创品牌，需要具备品牌思维，是在保证单店实际经营效果的基础上，实现商业模式的落地，实现标准化、可复制化，并最终实现连锁化、规模化经营。在品牌思维下创建自创品牌，需要更多的物力、财力、人力准备。自创品牌，一般适合综合实力相对雄厚，对茶饮店行业认识深刻的资深人士，而初入行的小白，则更适合从单店思维出发，开好一家单店。

第二步，取个好名字，做一套好设计。

大多数顾客除了对那些耳熟能详的品牌有认知外，其实对茶饮店品牌的概念很模糊，本来就是买一杯十多元钱的饮料而已，除非很优质的茶饮店品牌，否则很难谈到顾客的忠诚度，也就是说顾客对奶茶消费的随机性很强，这也是那些低价茶饮店品牌拼命做大门店数量的关键原因，就是想让产品"随处可见"。

好的茶饮店名字，有助于快速让顾客记住，好的茶饮店品牌名字，应该内涵品类属性，好听、好记、朗朗上口，并且听上去就让人知道是卖茶饮的，比如喜茶、古茗、蜜雪冰城等，尽量不要取英文名字，或是用生僻字。

好的品牌设计是为品牌传播服务的。这包括品牌视觉设计、门店空间设计以及产品出品包装设计。好的设计，能让品牌容易出彩，吸引人来打卡、拍照、传播。

想做出好的品牌设计，方法也很简单，实力不够的话，可以参考学习成功品牌的风格；有实力则可以直接找专业策划团队，原创一套设计，设计风格切忌好高骛远、不接地气。

第三步，确定一套好产品，找到好团队。

产品永远是品牌的根本，也是顾客买单的理由。

一般来讲，好的产品团队才会做出好的产品。如果没有好产品团队，要想有好产品也不难，找到一个或多个对标品牌，直接学习并做差异化升级就可以。

当然，如果你不甘于戴着"模仿"的帽子，也可以聘请专业的产品研发团队，来为你量身定制一套产品。想找到这些专业团队也并不难，互联网很强大，相信你可以从中找到。

关于好产品，有个关键点需要特别提醒你：不能以个人的口味喜好、个人的消费力来衡量商圈内目标群体的消费力；再好的产品也要满足好复制、有供应链支持、有足够的利润空间等条件。

除了这些，稳定踏实的运营伙伴是日常运营的保障，当然建议你最好能亲自参与运营的工作。

第四步，选好商铺，放大势能。

开茶饮店是个特别注重流量的生意，对选址要求很高。所以，能否选到好商圈，选到好商铺，对于一家茶饮店来说尤为重要！对于单店来说，只要位置不差，投资风险低，能快速回本就可以。而对于一个品牌来说，对商圈、商铺的选择，则要更加慎重，因为这个商铺承载的不仅仅是营业收益，更重要的是对商业模型的测试。

商业模型能否成立取决于单店盈利模型是否成立，这才是品牌思维下的选址逻辑。

这种思维下的选址逻辑，更加侧重于对目标用户的精准抓取，以及对内部营运方式顺畅度的打磨。比如北京的瑞幸咖啡，初期就是通过 3 家店——大钟寺的办公店，以及银河 SOHO 和望京 SOHO 的两家写字楼店，同时来验证商业逻辑的。一旦商业逻辑成立，瑞幸咖啡迅速开出 500 家店，来进一步测试内部运转效率，这种"闪电战"的商业打法，非常快速有效，这才是瑞幸咖啡几经波折仍然实现商业逆袭的核心关键。

长沙的餐饮品牌对这种流量思维、品牌思维下的商业选址逻辑，更是运用得炉火纯青，茶颜悦色、柠季、墨茉点心局等网红品牌，无一例外，运用的都是这种选址思维。

通过高流量的商铺带来的品牌势能，或是通过快速规模化实现的品牌势能，对品牌的迅速创立有很多好处，一个是能为品牌迅速带来消费流量和关注度，有助于品牌曝光和传播；另一个是能迅速积累行业资源，整合上游的供应链，吸纳人才；还有一个就是能迅速考验品牌内部的管理流畅程度，这就像一个"甩干机"，不能跟上节奏的"泥沙""污点"会被迅速甩出去，从而沉淀出最适合的管理方式和团队文化。

在高速运动中解决问题，通过"闪电战"迅速化解初创品牌的内部不足，而不是才刚开始走两步就停下来反思，后者美其名曰"复盘自己"，其实是在内耗自己，唯有业绩能解千愁，注重团队磨合、系统磨合，真正"跑起来"才会越来越顺畅。

第五步，运营测试，营销火爆。

门店开业后的首要目标是什么？

估计很多人会说：做会员、充值、赚钱，快速回笼资金。

这些想法也不错，但还是没抓住门店开业的核心。门店开业后的首要目标应该是：火

▲沪上阿姨门店前顾客排队

爆！也就是抓人气！有了人气，自然就不缺少财气！

新店开业，把生意做到火爆有四大好处。

①顾客更易选择

顾客消费通常具有"羊群效应"和"趋光效应"，也就是哪里热闹去哪里消费，哪里生意好就去哪里消费。那顾客怎么知道哪家店生意好、哪家店生意不好？方法很简单，就是看哪家店排队！排队的就是生意好的；

另外，现在茶饮店行业竞争太激烈，大街上的茶饮店又太多，顾客逛街时口渴了，想喝奶茶，根本不知道选择哪家，而排队的那家常常成为顾客最放心的选择，所以，把生意做火爆也是降低顾客选择成本的方式！

②门店易盈利

门店生意的火爆程度也会影响顾客的容忍度。

你会发现生意越好，顾客越容易包容你，排队时间久点也愿意，甚至服务出现一些小瑕疵，顾客也会主动替你开脱："没事儿，今天太忙了，可以理解……""没事儿，没事儿，我自己来……"。但是生意一旦不好，稍有服务不周，比如出品慢，顾客就会大发雷霆："出品这么慢，怪不得你家生意不好……"

生意好的时候，顾客来消费也觉得有面子，争着把你当作学习对象："你看看人家这生意，做得多好，一定要好好学学……"一旦生意不好，每个人都能过来给你讲一番人生格言："小伙子啊，我给你讲啊……你这生意这么做不行，你要……"

③员工更有信心

员工出来打工，最主要的还是想多挣点钱，想有发展机会。而员工从早忙到晚的最大动力就是：生意火爆。因为生意好，员工工作才有成就感，心里才踏实，他们才会觉得收入有保障。

在生意好的门店工作，员工的积极性才更高，才会最大限度地释放工作潜能，可以说门店生意火爆，是培养员工的最好方式。还有一点，也很重要：生意好的门店，员工会特别佩服老板，他们会觉得老板有能力，他们会认为自己更有发展机会，也就是说你只有"征服"了你的员工，你的门店才有未来。

④加盟易成交

很多品牌的创立，都是为了品牌连锁扩张，或是吸引更多投资者注意。但是茶饮店品牌很多，鱼龙混杂，那些快招品牌更是手段高明，所以，想选奶茶品牌加盟的创业者越来越谨慎了，他们才不甘心当"被人宰割"的"韭菜"，加上现在网络信息越来越发达，交通也更加便利了，"打假"的渠道越来越多，那种单纯地通过夸大其词的广告来宣传品牌的时代过去了。只有门店生意火爆，并且能持续火爆，才更有说服力，加盟者更愿意选择加盟这样的品牌。外行永远都是看热闹，只有内行才看门道。

总之，门店生意火爆是众望所归的事，老板赚钱，员工骄傲，顾客满意，加盟容易。

第六步，广而告之，连锁扩张。

现在茶饮店行业竞争特别激烈，加上各方面的成本也越来越高，发展宜快不宜慢，毕竟市场机会不等人。商业模式一旦经过测试，最好迅速找到流量曝光方式，迅速提升品牌势能，找到适合自己的扩张方式，迅速扩张，通过规模化、连锁化，吸引资本的关注，完善品牌运营能力，提升品牌竞争的壁垒。

2. 用社交属性，助力自创茶饮店品牌升级破圈

有不少我抖音账号的关注者私信问我自创品牌如何生存或升级突围。这些人的问题也很有代表性，他们都是干了好几年的"老腊肉"，经历过艰辛的第一家店，也经历过滋润的三四家，甚至十多家店，但是随着茶饮店品牌的竞争和轮番入侵，只能自己咬紧牙关装修升级，产品迭代，活下来是没啥问题，但是你强人家更强，品牌升级的成本也越来越高，利润却越来越薄，明明装修也不差，产品也更好了，商铺位置也不错，但为什么

赚钱越来越难了呢？到底谁动了你的奶酪？

首先，产品迭代并保证品质，这是基础。

但是在产品迭代的同时必须保证有足够的利润空间，并且还要有优质的供应链做支撑，否则盲目地去和大品牌不计成本地拼营销、拼价格、拼品质，就会很惨。

其次，装修迭代也很有必要。

装修迭代，不是去追求标新立异，要尽量选用经典色系，耐看的设计，核心是要抓住流量，吸引顾客眼球，能引流的设计才是好设计；门店干净整洁，出品动线顺畅，永远不会落伍。

最后要说的是茶饮店生意，终极比的是复购率、品牌文化沉淀、顾客情感黏性，所以你要打破流量思维，具有私域流量思维，打造有社交属性的茶饮店。

①什么叫有社交属性的茶饮店？

未来，只有具备社交属性的茶饮店品牌才更容易得到年轻人的青睐。

那么到底什么是茶饮店的社交属性？

所谓社交属性，就是说你的店里要具备一种让顾客自传播的特征，也就是顾客来店里不只是购买了一杯奶茶，而是在购买的过程中自动自发地传播店里的产品、服务、价值观念或者是整个消费过程。而你的店如果具备了让顾客自动自发传播的特征，那么你的店就具备了社交属性。而具备了这种社交属性，顾客就会为你的店宣传，为你免费打广告，这也叫社交裂变。具备社交属性的茶饮店，自然就能获得更多流量的加持，生意也自然相对要好做得多。

②那么如何打造有社交属性的茶饮店品牌呢？

第一，设计就是生产力。

找有灵魂的设计团队，把门头、环境、包材做美、做个性、做有趣。记住，漂亮是不够的，是要有个性、有价值主张，能引起顾客的视觉共鸣、情感共鸣，这才能引发顾客拍照传播的欲望。

第二，构建唯一性、稀缺性。

在环境、服务或者产品本身上，构建稀缺性，让顾客有传播的理由。简单来说，你要成为当地之最，比如门店最大、产品颜值最高、服务最有特色，或是外卖数据第一……诸如此类。

第三，区域文化 IP 赋能品牌。

挖掘顾客内心深层的情感共鸣，是一种更为高级的打法。当然，这需要持续的营销包装和品牌文化的沉淀。比如星巴克的"第三空间"概念，倡导新的生活方式；长沙茶颜悦色的"越中国越时尚"，激发出国人的文化自信；奈雪の茶的"一杯好茶，一口软欧包，遇见两种美好"，是找到了新时代年轻人幸福感共鸣的表达方式。

而对于初创品牌来说，把区域本土文化挖掘出来，再和品牌深度捆绑，能很容易引发区域内顾客的共鸣和好感。比如将本地食材融入产品，将本地语言融入包装，将本地文化符号融入品牌广告，做到这些再通过极具流量的样板店，比如在当地地标建筑开店，强化本土 IP 属性，然后通过营销宣传广而告之，引起区域客群的自豪感和传播意愿。

第四，好玩有趣，有参与感。

还记得答案茶吗？当年能火爆的底层逻辑就是给大家制造了一个好玩有趣的过程。现在的茶饮店的盲盒营销也是同样的逻辑。

那么，把以上这些都做到了，就可以了吗？

当然还够，星星之火有了，你要添把柴，这样才能充分燃烧。做品牌要先学会燃烧自己、自我标榜、自我种草，如果能够借助外力，全网种草，效果更好。

3. 区域小品牌的区域"保胃战"

那么，区域的小品牌怎么能对抗全国连锁大品牌呢？区域茶饮店品牌怎么突围？

全国性大品牌有规模化优势，有品牌优势，但是也有两个极大的弊端。

第一，单个门店缺乏独立的个性主张，所有营销方式和经营方式都受到总部的约束。

第二，规模化复制的过程也意味着产品制作流程要简单、要好操作、要容易复制，这样一来就很难有好的产品口感。所以如果你的产品模型是以好复制、好制作为前提的工业化流水线的产品，那么你要面对这些大品牌的时候，基本没有什么竞争优势。

但是你一旦选择反工业化思维，把简单的流程复杂地做，突出所见即所得的概念，就能迅速提升顾客的好感，竞争力也会随之大大增强。这也就是为什么区域差异品牌都纷纷主攻鲜果赛道的主要原因。因为区域品牌比大品牌食材更好、更健康、产品口感更好、顾客更放心、消费体验也就更好。

产品这个核心问题解决了，再借助本地资源，选好商铺，再加上一些引发本地顾客共鸣的营销手段，区域品牌当然就能牢牢地在本地市场站稳脚跟。

长沙的果呀呀，荆州的茹菓，重庆的暹茶，南宁的阿嬷手作等优秀的区域品牌的成功，基本上都是这个策略。

4.国内自创茶饮店品牌最多，最值得学习观摩的六个城市

要自创茶饮店品牌，最简单的方法就是找到优秀的对标样板。

那么，你知道国内哪些城市原创茶饮店品牌最多、最值得学习观摩吗？

第一，广州和深圳

深圳是诞生喜茶和奈雪の茶两大超级品牌的地方，是时尚与科技的前沿城市。这里是鲜果茶、奶盖茶品牌的集中营。除了老牌的芭依珊、GAGA鲜语，还有茶力的小怪兽、野萃山、鲜果汁、找茶友、阿嬷手作等，每个都值得打卡学习。深圳是个外来人口聚集的移民城市，也是个国际化大都市，这里的文化包容性很强，并且受到互联网思维的影响，茶饮店品牌的创新力更强，比如把茶饮和新零售完美结合的Teastone新茶馆，就是非常值得传统茶馆学习和借鉴的。

近两年，广州尽管没有出现大规模的连锁品牌，但是这里是中国茶饮最为发达、最为成熟的区域。广州的茶饮风格和深圳的有很大不同，广州的茶饮更注重茶香本味，突出食材本身的味道，并且由于竞争极激烈，也经历过几代茶饮店品牌的洗礼，广州茶饮已经不拘泥于大型连锁品牌，很多个性独立的网红茶饮店、柠檬茶店都很出彩，很值得打卡学习。

第二，长沙

长沙是茶颜悦色总部所在地，长沙有做得最好的鲜果茶品牌果呀呀，以及平价鲜果茶品牌良果芭、蒋小兔，也有特别懂营销和包装的半仙豆夫、柠季、新加坡奶茶ARTEASG。长沙的茶饮店品牌特别懂市场策略，他们特别重视品牌建设和品牌包装，所以建议你一定抛开杂念，认真学习他们的底层逻辑。

▲ARTEASG 奶茶门店图

▲良果芭门店图

第三，成都

成都是茶百道、书亦烧仙草两大超级品牌的总部所在地。除此之外，丸摩堂、圆真真、兵立王等品牌也都做得有声有色。此外，太古里的茶茶巫，还有山洞奶茶，更是现象级的网红茶饮店品牌。

第四，杭州

杭州可以说是江浙沪茶饮店品牌的集大成之地，最有新概念风格的古茗门店也在杭州，绝对值得打卡。杭州还是阿里巴巴总部的所在地，所以这里的茶饮店品牌也特别具备互联网思维，新概念风格的茶饮店品牌层出不穷。

第五，南宁

虽然这里没有诞生出什么有影响力的全国性品牌，但区域品牌、自创品牌都很出彩，阿嬷手作、萃茶山、煲珠公、小堂阿姨、蔗小柒，每一家都可圈可点。南宁的茶饮店品牌普遍产品颜值高、品牌设计感强，绝对是原创茶饮店品牌的样板店。

为什么要去这些城市学习呢？理由很简单，能在茶饮店品牌林立的战场上活下来，而且还活得不错的品牌，肯定很值得学习。

5. 区域茶饮店品牌的养成公式

现在茶饮店行业的内卷极为严重，这背后最重要的原因就是几大超级品牌的相互角力，这些大品牌凭借强大的资金优势和规模优势，在相互竞争的过程中，也不断挤压市场，这导致很多的小品牌难以生存，但是你仔细观察就会发现，无论大品牌怎么竞争，每个地区总是有活下来的小品牌。

未来奶茶行业将出现连锁大品牌和地方区域品牌共存的局面，大型连锁品牌的去中心化也即将开始，区域为王的时代即将来临。

全国性连锁品牌同质化严重，竞争激烈，并且不少区域开始饱和，这时市场上更需要那种代表本地特色、满足区域需求、个性更加独立的品牌。这些区域品牌，因为受制于本身的产品特性或是本土文化的属性，不容易做成全国品牌，但是很容易称霸一方。

中国市场太大了，盲目贪多最不可取，没有了过去的时机和运气，我们很难在今天再做出一个蜜雪冰城这样的超级品牌。

区域茶饮店品牌的养成 = 更好的产品 + 个性视觉表达 + 区域文化植入 + 社交属性 + 地标样板

如今，如果再做茶饮店品牌，能够做好区域茶饮店品牌，就已经很优秀了。本地人喜欢和支持本地品牌，这是理所当然的事情。本地代表品牌是一个稀缺资源，用更好的产品，加上更有个性的视觉表达，加上区域文化的价值输出，再加上具备社交属性的特质，最后找到一个地标样板店放大品牌势能，这就是本地代表品牌的养成公式。未来区域代表品牌还有很多市场空白，机会很多，有实力、有眼光的伙伴要抓紧了，加油。

第三章

开店账本要会算，不会抠门真不行

懵懵懂懂地创业，稀里糊涂地赚钱或赔钱，这是很多茶饮店创业小白刚入行时经历过的。提前做好创业的投资预算，提前测算出保本点都是很重要的，创业的热情有时会让人冲动，而数据不会骗人。

大账要算清，小事不糊涂，如果在开店前，你就能预测到投资风险，那就能有备无患了。

一、开家茶饮店到底需要多少钱

开一家茶饮店到底需要多少启动资金？这估计是新手小白最关心的话题了。

现在开一家茶饮店主要有两种模式，第一种是选择品牌加盟，第二种是自创品牌。

加盟品牌的话，根据每个品牌的要求不同，启动资金在几十万元甚至上百万元不等，但一般来讲也不会低于 30 万元！这些费用主要包括：加盟费、年度管理费、设备费、首批原物料费、商铺租金、店铺装修、员工培训费 / 工资，以及备用金。每个品牌收取的加盟费金额不一样，收取的方式也不一样，比如蜜雪冰城是 1.98 万元，是一年一收；而茶百道则是 8.8 万元，三年一收，具体要看每个品牌的官方收费标准。

每个品牌的加盟费，根据品牌的知名度、发展阶段和推广策略的不同而各不相同，这需要在我们去公司实地考察的时候问清楚。但是这中间的陷阱和猫腻也特别多，我身边就有不少小伙伴因此上当，比如，你在上网的时候，是不是会在一些茶饮店品牌网站上留过自己的信息？这个时候，他们的招商经理就会给你打电话，详细介绍他们的品牌，挖掘你的需求，这些招商经理一般在讲到资金投入的时候会报一个比较低的投入，一般是总投入的 60%~70%，因为他们担心报价太高会吓退很多客户。举个例子，如果招商经理告诉你整家店投资下来需要 20 万元左右，那么，前期你至少要准备 30 万元。

第二种就是自创品牌，但是前提是自己懂技术，并且已经找到了可靠而稳定的供应链。

加盟成熟的连锁品牌，肯定有不少好处，但是投资费用也确实不低，并且，茶饮店是一个特别吃流量、吃选址的生意，所以，因为不想被品牌方"绑架"，也有不少人想自创品牌，但是自创品牌和自主开店着实不同！前者需要创业者有品牌思维，有更多的市场企图心，渴望通过一家形象店，打造商业模型，不断做大做强，最终成为知名品牌或是连锁品牌；而后者则是创业者想通过一个茶饮店，实现养家糊口，改变经济状况，至于能否成为连锁店并不重要，能赚钱最重要。两者的投资心态不同，造成了开店过程的不同，直接影响开店结果。

如果只是想开一家茶饮店来养家糊口，这样的店投资很小，启动资金在 10 万元左右，当然前提是在当地房租比较便宜的情况下，相对于加盟品牌，自主开店可以省掉加盟费和年度管理费，在设备和原物料方面也会有更多的优势。比如茶饮店的设备，如果我们自己采购的话，会比从加盟品牌买设备省下至少一半的资金。另外，在首批原物料方面，我们前期也不用囤积太多，初始阶段，大概准备一个月左右的原物料即可，因为新开店第一个月，我们会不断地调整适合当地人口味的产品，所以在原物料部分，我们尽量要控制好成本，这样就能节省一大笔资金。

但是，这说的仅仅是自主开店，不是自创品牌，自创品牌要投入的费用就远远不止于此了！

首先，你要给自己的品牌取一个好名字，要知道，茶饮店名字的好坏直接影响到品牌的市场定位以及未来的传播，这一项的投入可大可小，如果你有提前准备好的名字还好，否则就要花钱买，这个费用很难预计，并且还要完成商标的注册，一般要注册 43 类和 35 类商标，注册费用不高，代理公司基本在 2000 元以内就可以完成。

其次，你要设计一套品牌的 VI 形象。没有精心设计过的品牌算不上品牌！这个费用可高可低，再加上店面的空间设计，随随便便也要几万元。

还有一项，就是包材定制，也就是茶饮店日常用到的纸杯、注塑杯、打包袋、纸巾、吸管，这些都需要定制，并且每项的起订量起码要 1 万个，如果你需要特别的款式，开模费用更高，这几项费用加起来，起码也要 3 万~5 万元！还有一点，这些杯子还要有不同的型号，还需要配盖子和杯套，这几万个杯子、盖子，再加打包袋、吸管、纸巾加到一起起码要摆满一整个小仓库！

茶饮店的投资费用，还要包含大众点评等平台的上线费用，还有初期产品测试造成的食材浪费，以及人员储备期间产生的培训费用，最后还包括各项准备工作完成之后，开业期的营销宣传推广费用。

把以上这些费用合计下来，你会发现自创一个茶饮店品牌的费用与加盟一个成熟大品牌需要的费用相比一点也不少！

除此之外，还有一种茶饮店的创业形式，就是与当地的大茶饮原料贸易公司合作，加盟他们的品牌或是与他们合作创立新品牌，这种方式投资费用也不高，值得创业者尝试。

每个大城市都有成熟的奶茶原料贸易公司，这些公司旗下一般都有成熟的品牌，这些品牌一般以提供原料设备为主，所以品牌授权方式相对简单，收费不高，甚至是免费的，这样你就可以轻松获得品牌加盟的资格（有些也可以不与品牌合作，只与供应链和产品制造商合作），但前提是你要买这些公司的原料设备，接受对方原物料供应的制约，选择这类品牌有利有弊。有利的一面是，投资费用不大，主要用对方的原物料，可以不交或是少交加盟费，甚至技术培训都是免费的，并且还能得到他们供应链的支持；不利的一面是，品牌受对方约束，并且由于他们这种品牌授权方式，加盟商投资实力非常悬殊、有好有坏，品牌美誉度普遍不高；另外一个就是，尽管这些公司提供了稳定的供应链，但是往往每个贸易公司都有自己擅长的原料渠道，产品品质和创新能力也容易受到限制。

所以，如果你想安全投资，最好加盟一个成熟的头部茶饮店品牌，他们成熟的运营经验，会给你带来投资的安全性，同时也为你正式进入茶饮店行业提供了学习的机会；如果你有茶饮店行业从业经验，但是资金不够，只是想养家糊口挣点钱，那就自己开个店，一切以赚钱为目的，避开大品牌的竞争，自主开店也是不错的选择；而如果你想把做茶饮店作为自己的一项事业，资金又充沛，不妨自己创建一个茶饮店品牌，在未来，区域茶饮店品牌机会很多，你也可以去全力一搏。

二、知道盈亏保本点怎么计算，比知道怎么赚钱更重要

巴菲特有句名言："投资必须要做对两件事，第一件事是保住本金，第二件事是一定要记住第一件事！"

任何生意都有成功与失败，茶饮店遍布大街小巷，看似非常火爆，实际背后倒闭的也比比皆是。有数据显示，茶饮店的存活周期平均不足1年，开店失败比率超过80%！现在茶饮店行业内卷这么严重，它早已经不算是低风险行业了。

每个人开茶饮店都想赚钱，可是开一家茶饮店，投资起码二三十万元，一年到头一算，真正赚到钱的真没几家。每个月的营业额算下来，要么赔房租，要么赔人工，总之，茶饮店想赚钱已经越来越难了！

茶饮店特别依靠流量，对选址特别挑剔，也特别依赖品牌的选择，但是，正如巴菲特所说，既然开茶饮店是项投资，那么就有投资的风险，防范风险的基础就是要保本，也就是起码不能赔钱！那如果有什么方法，能提前预估保本点，岂不是就能提前防范投资风险了？

接下来，我们就来详细讲讲如何计算茶饮店的盈亏平衡点，也就是我们平常说的保本点，更通俗一点的说法是：一天我们收入多少钱可以保证我们不赔钱。

假设每天的营业额为 X 元，我们按月来计算，每月的收入和支出相等的时候，也就达到收支平衡，我们就不赔钱了。

我们可以通过以下的公式来计算：

$$收入 = 支出$$

$$30 \times X = 支出$$

$30 \times X=$ 房租 + 人工 + 水电费 + 营销成本 + 杂项费用 + 食材成本

算到这里，你发现在支出费用中，房租费用是可以提前知道的；人工费用也很容易计算，一天分几个班次，每个班次多少人，每个人的工资水平，行业内都有标准，也有当地的行情，这个很容易算出来；营销成本主要是活动的推广费用，这个可以自行设定，基本上，常规的茶饮店线上的推广费用投入以外卖平台为主，线下的活动推广费用投入以各种印刷品为主；杂项成本一般是指采买产生的交通费用，清洁、维修以及杂物费用；那问题的关键就在于食材成本是多少了，因为食材成本的多少是随着营业额的多少而变化的，这个食材成本，就是公式中的变量。

那么如何知道一个月的食材成本是多少呢？

这里用到一个业内通用的毛利率数据，一般品牌茶饮店的毛利率在55%~65%之间，我们选取一个折中数字60%，对应的成本率就是40%，由此我们可以得到：

$$每月的食材成本 = 30 \times X \times 40\%$$

于是我们就得到了这样一个公式：

$$30 \times X = 房租 + 人工 + 水电费 + 营销成本 + 杂项费用 + 30 \times X \times 40\%$$

$$30 \times X = 房租 + 人工 + 水电费 + 营销成本 + 杂项费用 + 12 \times X$$

$$30 \times X - 12 \times X = 房租 + 人工 + 水电费 + 营销成本 + 杂项费用$$

$$18 \times X = 房租 + 人工 + 水电费 + 营销成本 + 杂项费用$$

$$X = （房租 + 人工 + 水电费 + 营销成本 + 杂项费用）/18$$

这时把已经知道的房租、人工、水电费、营销成本以及杂项费用套入这个公式，你就可以知道 X，也就是你的保本点是多少了！

那么，知道了这个保本点，能有哪些好处呢？

首先，打仗之前要心中有数，知道了保本点就意味着，只要你一天的营业收入能高于这个数字，你就能赚到钱，反之就赔钱。

其次，你可以通过这个预估数据反查商铺的选址是否合适，不能盲目打如意算盘。

想预估每天的营业额能否达到这个数字，又该怎么计算营业额呢？营业额就是用进店消费的人数乘以平均每人消费的单价（客单价）；客单价一般以一杯常规饮品的价格计算，然后再看一天能有多少人进店消费，这样就能预估每天的营业额；用每天的营业额再和保本点对比，就能大致测算这个商铺的业绩表现了！

当然，测算保本点的方法还有很多种，我分享的只是其中一种，得出来的数据未必准确，但是足够你参考使用。

另外，上面的保本点计算公式，是按照线下的运营成本来计算的，未充分考虑线上数据，但是也不影响你对门店的判断，因为你只要做到了这个数字，哪怕数据不准确，你也赔不了太多，这已经够用了。

当然，我也希望你的实际经营结果能远大于这个数字，因为数字不会说谎，通过对这个保本点的参照来及时调整运营模式，并通过对目标人群的消费反馈收集，不断优化你的产品，你能够找到最适合的营销方式，保障自己的利益不亏损。

三、给你提个醒儿——茶饮店不得不说的几个小事儿

想开茶饮店，需要注意的事项有很多，真要说起来估计几天都说不完，今天就说一些小伙伴自己总结出来的，你又特别容易疏忽的小事儿。

1. 开店多久能回本

尽管有不少伙伴听说有人加盟了某个品牌 3 个月、半年就回本，但那是以前竞争不激烈、内卷不严重、房租人工都不高的时候，现在茶饮店的回本周期基本都超过一年，两年能回本都算不错的。

2. 怎么计算回本周期，每天要卖多少杯奶茶才能一年回本

茶饮店最简单的回本周期计算方法就是：回本周期倒推法。也就是把整个店的原始投入，再加上每月的房租、人工、水电成本，通过行业数据来倒推每天销售多少杯茶饮才能完成目标的回本周期。公式如下：

每天销售的杯数＝（原始投入费＋年房租＋年人工费＋年水电费）÷50%÷ 年天数 ÷ 平均单杯价

这里的 50% 是我们按照品牌连锁店通行的综合毛利率（堂食和外卖加权的平均值）。

平均单杯价，依据每个品牌的定位不同而定。

以蜜雪冰城为例，不含首批原物料投入，前期需要准备 20 万元；然后 1 年房租 15 万元；人工每人按照 4000 元 / 月，5 个人的话，1 年人工就是 24 万元；水电费 2000 元 / 月，1 年就是 2.4 万元；综合毛利率按50% 计算；平均客单价按照 8 元计算，要想实现 1 年回本，需要每天卖出多少杯茶饮呢？直接套用公式就是：

每天销售的杯数＝（20 万元 +15 万元 +24 万元 +2.4 万元）÷50%÷360 天 ÷8 元

最后得出要想实现 1 年回本，需要完成每日销售茶饮数不低于426 杯！

这个结果吓不吓人？意不意外？

一天要销售 426 杯茶饮，也就是每天要有 426 个人来消费，这得是什么样的神仙地段才能实现啊？

同理可证，如果想实现半年回本、两年回本，也可以用以上的公式，直接套用就可以了。

3. 茶饮店养店周期是多久

很多餐饮店都需要一个养店周期，也就是所谓的培育市场的时间。不同的餐饮形式，需要的养店周期也不同，而对于茶饮店来说，市场的培养期越短越好，在 1 个月至 3 个月，甚至是开门就赚钱。为什么这么说？因为茶饮店的竞争特别激烈，顾客消费的随机性很大，如果 1 个月，甚至 3 个月，都没赢得好的顾客口碑和好的市场表现，基本上再往下经营就很难了。所以选址的时候，尽量用本书介绍的方法，选好商铺，缩短养店周期，一定要有"宁可不开茶饮店，也不要盲目开店"的心态！

4. 山寨茶饮店品牌能不能加盟

早期有些茶饮店品牌，由于成立的时间比较早，没有做好商标保护，在市场上出现了很多仿冒门店，或是山寨品牌。这其中最典型的就是贡茶了，市场上"贡茶"相关的品牌特别多，看着和贡茶一样，其实仔细一看，都是某某某贡茶、某贡茶，或是贡茶某某，这就是因为早期贡茶品牌没有做好品牌保护，导致出现的市场乱象，与此类似的还有益禾堂，也是这个原因，广东、广西地区，出现了多个山寨益禾堂品牌。

那么这些山寨品牌能否加盟呢？

从严格意义上来讲，如果要开茶饮店，只有你很有能力和资源，也有较为充足的资金，才可以考虑自创茶饮店品牌，否则，尽量选择品牌茶饮店，并且还要尽量选一线的头部茶饮店品牌。

现在，山寨品牌的风险的确很高，正规品牌的品牌维权意识也越来越强，对杂牌的山寨品牌的打击也越来越严厉，比如 2021 年茶颜悦色就状告"茶颜观色"品牌侵权，一审判决，茶颜悦色获赔 170 万元；2021

年，益禾堂总部加大对山寨益禾堂的打击力度，直接从印刷品源头厂家抓起，"拿掉"了多个非品牌授权印刷厂，同时还对多个山寨品牌提出诉讼维权。

总之，我们对山寨品牌，还是要尽量规避，现在行业内卷如此严重，正规品牌都难说稳赢，更何况山寨品牌。

5. 茶饮店经营不能忽略的小细节

还有一些我在网上收集到的网友分享的开茶饮店需要注意的内容，也很实用，在这里摘抄一些，供你参考。

（1）煮布丁倒入容器冷却时，一定要搅拌 2 分钟左右，不然布丁内部会有小斑点。而且一定要用滤网滤去上面的白沫子，这样布丁表面才好看；煮珍珠时，珍珠倒进去时一定要搅拌 2 分钟，不然容易粘在锅底。

（2）店内要准备一支记号笔，它有很多用处，比如外卖多时在塑料袋上写上单号，方便递给外卖员，或者在仓库的原料箱子上写出原料的名字。

（3）没有原料制作的产品，一定记得在外卖平台上下架，否则，打电话告诉客户换产品或退单很耽误时间，而且还有可能被顾客投诉。

（4）外卖平台上有差评的时候，尽量向顾客说道歉的话。千万不要解释太多或者和他们理论，否则，会遭到更多的攻击。

（5）铲冰后，冰铲千万别放在制冰机里，否则，冰铲很容易被埋在里面，很难找到。

（6）千万不要用钢丝球洗器具，掉下的钢丝到了饮品里后果很严重。

（7）遇到糖水或果浆洒到地上的情况，要先拿扫把扫掉，再用热水拖地。一定要用热水，不然会很黏！

（8）顾客催单时，收银员一定要帮顾客催一下制作产品的人。茶饮师一定要按自己应有的节奏做，千万不要打乱节奏，不然会更忙乱，因为收银员的话，只是为了安抚焦灼等待的顾客。

（9）店里再忙，收银员也要等到把所有顾客的单点完后，再帮忙做别的事情。因为你一旦帮忙去制作产品，就会让排队等点单的人感觉受了冷落。

（10）当有很多顾客挤过来点单的时候，要做的第一件事是指引他们排好队。如果这些人相互认识，可以让他们通过小程序或者统一意见后，由一个人来点单。

（11）做促销时，一定要统一好话术，比如买一送一，送的是指定饮品，还是同价位的饮品，还是任意饮品。有些顾客就爱占小便宜，认为买一杯绿茶可以送杯珍珠奶茶，还会讲"是你们没说清楚规则"。

（12）在忙完一个高峰时段后，不要想着马上休息，要赶快检查下原物料，查漏补缺。否则下一个高峰来临，会手忙脚乱。

（13）卖黑糖珍珠的时候，一定提醒顾客喝之前要搅拌几下，要不然会很甜。

（14）做外卖冷饮时，一定要用封口膜封口，然后加盖子。热饮的封口膜要打一个小孔，然后加盖，最好都缠上透明胶带。

（15）一定要关注天气变化，下雨天备料可以是平时的2/3或1/2。

（16）每周必须在固定时间至少清扫一次吧台、冰箱、制冰机等设备的下面，因为这里很可能藏着撒漏的果酱、布丁粉、变质的水果，这些特别容易给店里招来蚊虫鼠蚁。

第四章

梦里花落知多少，装修选址少不了

朝思暮想，想开茶饮店，有了想法就要有行动，资金到位，说干就干，接下来就面临两大问题——选品牌和选商铺，这是茶饮店创业能否成功的关键！

装修和选址也是茶饮店最头痛的两件大事，一个原因是专业性太强，同时也是投资的大项支出；另一个原因则是，这是直接关乎门店经营成败的关键。

一、店址、店址还是店址

不用跟你说太多，你也知道选址重要！但是你知道选址的本质是什么吗？

选址的本质，其实是在选流量！流量在哪里，店址就应该在哪里！

前面说过，流量分线上流量和线下流量，线上流量看同行，同行的业绩数据往往就是你的可能实现的业绩；线下流量看同行，同时也要看人流量。

没有流量，再好的店址也是中看不中用！

只要有流量，再差的位置也有机会生存下来，这就是选址定乾坤的魅力所在。

我们一定要用流量思维指导选址，在有流量、面积和户型结构合适的前提下，再考虑对房租的承受力，这才是理性的选址。

有了流量思维的指导，你才有机会选到理想的店址！

而找到了好的商铺，你的创业之路最多才完成了 1/2，甚至才 1/3！

因为，有流量的商铺，只是增加了你的门店曝光率，增加了你的生存机会，增加了你获得更好营业额的可能性！

接下来的工作是你怎么才能抓住这些流量，并尽可能地稳住这些流量，避免流量的流失。

这些问题都能在本书后面的内容中找到答案。

接下来我们根据不同店址的商圈类型，来逐一分析到底怎么选址和开店！

1. 在学校里或是学校周边开茶饮店

学校里或是学校周边，绝对是开茶饮店最好的区域之一！

至少我们知道的蜜雪冰城和益禾堂两大茶饮店品牌，都是通过在学校里或是周边区域开店成长为现在的超级规模的连锁品牌的。

在学校里开茶饮店，不用担心顾客群问题，因为学生就是奶茶消费的绝对主力。另外学校里一般是收 9 个月房租或扣点房租，整体投资风险较低。

当然，学校也分小学、中学、大学，一般来讲，小学或是中学周边有商业街道的话，是可以的，但是中小学生的消费能力相对要弱一点，针对这类群体的茶饮店，产品价格可以参照蜜雪冰城或是益禾堂，定价一般在 5~15 元为主。

下面我重点说说大学区域的茶饮店怎么做。

学校里面可以做餐饮的商铺大致分为四种。

（1）食堂档口，一般营业额提点在 20%~25%，这意味着你每销售 100 元钱，你就要上缴 20 多元，并且营业收入都先要上缴到食堂，到月再结算，很不自由，也不划算，所以，不推荐大家去做这种档口。

（2）食堂形式的独立档口，这种不同于食堂档口，这种是收租金的，比较划算，而且收入是收到你自己手上，更加放心。租这种地方跟商场是一样的，一般不用出转让费，但是有进场费，差不多两三万元。

（3）学校门口的商业街，这里是学生的天堂，小旅馆、小饭店、网吧都有，只要不封校，这种街道是最热闹的，但商业街范围有大有小，人流也相对分散，选商铺前要好好测算下人流量的数据，以及客群的消费习惯。

（4）学校内的商业街区，这种就相当于临街商铺，自由度是非常高的，营业时间不受限制，售卖品类也可以小幅度调整，不过这种店铺，往往需要转让费，十万元甚至二三十万元都是有可能的。

2. 在大型社区周边开茶饮店

商场一周也不一定能去逛一次，而小区大家每天都要往返！所以，那种大型的社区，尤其是新社区，或是商业体丰富的社区，绝对也是开茶饮店的好地方。因为新社区家庭年轻人多、学生多，消费力更强！

但是，选择适合开茶饮店的大型社区要注意以下几点。

（1）最好是在多个大型社区集中的地方，这样能同时共享几个社区的客群资源。

（2）周边最好有些商业氛围的地方，比如有餐馆、超市、银行或者其他茶饮店之类的配套设施，这样不至于单打独斗，有时候看似没有竞争对手，也可能潜藏着孤军奋战的隐患。

（3）一定要了解各个社区的人群动线，哪个门是行车通道，哪个门是行人出入的消费出入口？因为社区人群的行走习惯直接影响你的经营业绩。

（4）社区的餐饮消费，一般来讲早晚消费集中，早上匆忙来份早餐，晚上消费相对更旺盛，周末的生意最有保障。所以要合理测算好消费人数，以及合理安排人员排班。

（5）社区做的是回头客生意，人情味最重要，所以服务热情周到，对生意特别有帮助，比如你能记住对顾客的称呼，一定能加分很多。

（6）社区住宅的一层底商能否办理餐饮经营许可证？这个一定要事先弄清楚！并且也要问清楚有没有上下水管道、电力负荷是否够等。

3. 在商场里开茶饮店

首先你要明白在商场里做茶饮，是来享受商场带来的流量的！而客流量大的商场并不多。

大商场是大品牌的"游乐场"，小品牌的"火葬场"！

商场里的好位置和差位置，真的流量差别很大！如果你不是大品牌，很难拿到好位置！而且商场里的房租着实不低！

那差点的商场还值得去么？并不值得，没有人流量，你为什么要去？

还有一点，商务区的商场和住宅区的商场，顾客消费习惯差别很大，选址之前你一定先测算不同时段的客流量，再做决定。

但是，反过来你如果想创建品牌，还是首选商场或者商业区，毕竟那里是先天的流量筛子，他们已经帮

▲ 商场里的一家茶话弄

你筛选了精准客户！好的商场本身在给你带来流量的同时，也能给品牌赋能！

总之，你去商场开店前一定先评估好利弊，弄清楚你到底要的是面子还是里子。

进商场开茶饮店要注意以下几点。

（1）一般商场里的店都需要品牌资质，品牌知名度越高、自带流量属性越大，越能拿到好位置，甚至好的租金条件！但是，如果你不是品牌，或是小品牌想进商场，则要谨慎，你以为进了商场就投资安全了，其实有可能进了商场招商人员"滥竽充数"的商铺坑。

（2）一般商场都有小餐饮区和大餐饮区，每个商场由于管理水平以及引进的品牌影响力不同，这些区域的顾客定位以及客群流量大小会差别很大，你一定要综合对比，选择适合自身定位的区域开店。

（3）现在大多数商场已经不是简单的出租商铺给你，而是在出租商铺给你的同时，也希望你能给商场带来流量，而不是随便让一个商家来"白吃"商场的流量，所以，一旦你的经营不佳，业绩拖了商场的后腿，商场随时有可能会调整你的商铺位置，甚至直接劝退你。

（4）商场内好的商铺，最一流的位置，可能预留给了一些大品牌，而这些商铺的位置好，房租性价比也最高；次之的位置会留给当地连锁品牌，这些商铺位置不错，房租也合适；再次之的商铺才会流转出来，公开招租。所以，如果你的品牌实力不够，只能选这样的商铺，位置一般，房租性价比也不高。

（5）除了大悦城、万象城、国金等一线知名商场外，国内大多数商场本身的市场影响力很有限，市场的培育期往往很长，尤其是如果周边住宅区入驻率低，交通不够方便，没有地铁等交通枢纽的加持，这样的商场人流量很难保证，除非你很自信，否则尽量慎重，不要贸然入驻。

最后一点就是房租协议要看仔细，很多商场的招商经理都会用"统一的制式合同"给你，其实多数商场的租约细节都可以谈，房租可以谈，免租期可以谈，递增额度可以谈，递增时间可以谈，物业管理费也可以谈，哪怕这些都不可以谈，你也可以多争取一些广告位和曝光机会，比如电梯广告、显示屏播放广告、停车场广告等。

4. 在商业区街边开茶饮店

在商业区的街边开茶饮店是最常见的。但是街边开店也是变数最大的，稍不留神就进了坑。这里有几个街边开茶饮店的注意事项，大家要特别小心。

（1）很多城市有奶茶一条街，如果你是头部大品牌，自带流量，品牌比较强势，那么可以优先选择这样的地方，或是优先选茶饮店集中的地方，当然前提是房租以及面积大小合你心意。道理很简单，茶饮店多，说明对茶饮的需求多，而你的品牌优势强，你就不担心其他品牌来竞争，你会抢夺到更多的流量；反过来，如果你的品牌不够强，最好距离这种茶饮一条街远一点，因为这样的竞争只属于大品牌之间的竞争，你实力不够，很容易被流弹打伤，变成了陪葬品。

（2）十字路口以及临近车站、地铁的路口会是不错的位置，这里不缺人流量，当然也要考虑周边的商业设施。原则上，周边商业越发达，商铺位置越好，比如有办公楼、有商场、有住宅、有餐饮、有学校等多种业态的地方，这种商圈最好，但是这样的位置房租也最高，甚至有不少都有转让费。所以，对于在这里开店的老板，你不要只是看着他们好像生意很好，到底赚不赚钱、回本期如何，只有他们自己知道。

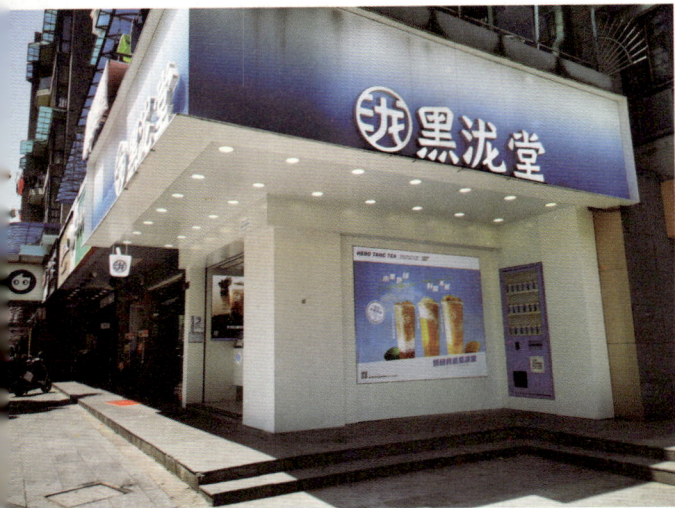

▲杭州街头的一家黑泷堂

（3）自己创业开店，除非你很有信心，资金也充足，又有不错的商铺，否则不要轻易到茶饮店集中的地方开店！因竞争太激烈，你又没有足够的调整时间，投资风险太高。你可以避开竞争者比较集中的地方，选择那些已经开了品牌连锁店，但是门店数量不是很多的地方，不过也要看这个店的经营情况如何。如果品牌店经营得都很差，你也不要太过自信能经营得多好，但是如果品牌店经营的情况还可以，那说明你也有机会做起来，甚至有机会超过它，毕竟初次创业，投资安全是第一位的。

（4）同样的商业街，但是人流动线是完全不同的。往往越接近路的尽头，商业配置越差，人流量越少；很多商业街路两侧的消费流量差别会很大，路这边熙熙攘攘，路对面则很可能会门可罗雀。

（5）很多人会告诉你，不要在天桥底下开店。天桥底下不是不能开店，而是要考虑桥头的上下楼梯会不会遮挡你的招牌，以及会不会让顾客来店消费没有那么方便，如果条件合适，不存在以上问题，天桥底下开店也没问题。

（6）在街边开店，门头的可见度很重要，没有什么广告效果能超过好的门头，门头就是最好的流量"抓手"！

5. 在县城里开茶饮店

现在是县城茶饮店创业的好时机，消费升级、城镇化等因素刺激了县城消费，也让很多年轻人放弃大城市的辛苦打工生活，返回家乡创业。

用大城市的产品、格调和适合小城市消费的价格做县城顾客向往的生活方式的产品，这是县城创业的不二法则！

那么，县城里适合开个什么样的茶饮店呢？

（1）大城开小店，县城开大店。这句话有点道理，但太大也没必要，太小没档次，关键是门店的招牌要大气醒目一点。

（2）尽量选门店数量多的大品牌。品牌门店数量多，说明知名度高，加盟品牌首先就是看重品牌的知名度，其次知名度高也代表管理规范、供应链完善。

（3）哪里人多往哪儿开。县城消费很集中，人们消费爱扎堆，吃喝玩乐图方便，选这样的地方准没错。

（4）本地人服务本地人，热情好客是关键。县城消费集中，圈子不大，口碑最重要！

二、如何让你的茶饮店在颜值上鹤立鸡群

现在的创业者大都很年轻，大部分是 80 后、90 后的年轻人，而他们面对的顾客群体则更年轻——95 后甚至是 00 后，这些年轻人深受互联网思维的影响，并且随着手机网络的普及，小城市的审美标准也向大城市的

审美标准看齐。如果你现在开茶饮店，还在用过去的思维，肯定很难征服、吸引年轻的顾客！

所有生意好的茶饮店，一定都是精心设计出来的！

它们除了有好产品、好服务、好地段，更重要的是有能吸引眼球的高颜值！

互联网影响人们认知的方式，首先是影响感官感受，然后再影响大脑思维判断，最后形成一种综合体验。新一代的年轻人就是深受互联网影响的一代人。

所谓"人靠衣裳马靠鞍"，说的就是"外在"的重要性。而"内行看门道，外行看热闹"恰恰说的也是"外在的表现更能吸引人的注意力"。茶饮店的装修设计尤其如此，要想吸引更多人关注，就要多一些引人注目的设计。

1. 设计要为流量服务

茶饮店是典型的"吃流量"的生意，所以，大多数茶饮店都选在人流量大的商业街、十字路口、学校美食街、步行街、地铁口，总之哪里人流量大，哪里的年轻人多，哪里的茶饮店就多。人流量密集，也就意味着广告招牌多，如何在这么激烈的竞争环境下让顾客迅速发现你、找到你、爱上你，这就需要设计发挥魅力了。

▲柠季长沙太空舱门店图

顾客逛街消费，面临最大的

"心理战"就是"选择成本太大"，招牌林立，"乱花渐欲迷人眼"，顾客面对太多消费选择，不知道去哪家好。一条街上有太多茶饮店了，顾客不知道去哪家，除非你有很强的品牌知名度，否则顾客选哪家全靠"看哪家排队"或者"哪家看着顺眼"。

好的设计，就是能迅速地把流量抓住，降低顾客的选择成本，让顾客在逛街途中，抓住他们瞟你一眼的 0.2 秒时间——"嗯，就是它了！"让顾客迅速做出判断，进店消费！

2. 好设计自带聚客力，重视"线上"功夫，更要重视"线下"功夫

网络时代，信息传播便捷、高效，人们很容易被网络信息左右，也很容易无限放大网络传播的作用。殊不知，对于一家茶饮店来说，与其费尽心思在"线上"发力，不如踏实做好"线下"功夫。

网络营销本质上是通过信息网络传播吸引流量，然后在流量中挖掘客户和留存顾客，形成一个稳定的消费群。对于实体店来说，首先要考虑的是吸引到足够的线下流量，毕竟线下流量才是"看得见、摸得着"的流量，先想方法抓住线下流量，远比去费尽心思讨好"虚无缥缈"的线上流量靠谱。

你的设计应该站在顾客角度上去思考。例如门头招牌的设计，不能仅凭个人喜好，而是要通过门头招牌直接传递信息给你的目标顾客。门头招牌是影响周边 1000 米的最有效的广告，如果你连周边的顾客都抓不住，还谈什么网络营销？

顾客是看到招牌后才进店的，所以室外装修要简洁明了地传递品牌信息，让顾客看到了就想进店。顾客是坐下来才想点单消费的，所以顾客进

店之后，要让顾客有想坐下来喝一杯的欲望，这样顾客才有消费的可能。因此，店内灯光的舒适性、家具的舒适性，以及产品展示，包含菜单展示就显得尤为重要。当然还包含空气中的气味和背景音乐，都需要能让顾客有坐下来消费的欲望。

做到以上这些，你的设计才仅仅是达到了营业的及格分，因为这些都是设计理所应当要做到的，做到了这些，顾客只是会自然而然地进店，然后坐下来消费。而如何让顾客内心有所触动，甚至愿意拿起手机拍照传播，或许才是我们更想要的结果。

3. 颜值高不一定是网红路线，更不应是高冷风格

很多人会把所谓的网红店当作"膜拜"的对象，当作所谓的流行趋势。网红店之所以能成为网红店，是因为其抓住了流量的密码，并懂得在网络影响下的年轻消费者需要什么，但是过度的标新立异可能并不能持久。

想做有颜值的茶饮店，千万不要简单效仿那些所谓的网红店，有颜值的茶饮店应该能经得住时间的考验。所以，茶饮店设计建议采用那些经典色系更为稳妥，例如黑白灰色系，或是原木色系，或是温暖的淳朴色系。

在注重彰显个性的时代，人们越来越不想一味地同质化，彰显个性的高冷风格也在悄然兴起。或许受到一些"设计师买手店""北欧简洁风"的影响，这类风格也在茶饮店中开始流行。但是这类风格需要很强的驾驭能力，同时茶饮店格调最好能跟茶饮店老板的人设风格吻合。

开一家有温度的茶饮店，或许是你对这个世界一份美好的回馈。

4. 茶饮店装修设计的 931 法则

"9"的意思是说你要在门店的 9 米之外让顾客就能看清楚门店的招牌，顾客看不到招牌就没有生意，要让别人从招牌清楚知道你是卖什么的，因为一条街上的商铺很多，招牌很多，你怎么能让你的招牌被顾客看到，这才是要重点考虑的问题。比如使招牌更大、招牌更亮，使招牌形式更特别、招牌色彩更艳丽。人的视觉感官其实也有"趋光性"，本能也是会向更亮的地方看，尽量把招牌上的字写清楚，使用简洁大方的中文字体比晦涩难懂的符号更能清楚表达品牌含义。尽量把你的品牌名、品类名都在招牌上写清楚，比如你的店叫"遇见你"，我的店叫"阿爆手打柠檬茶"，顾客会更容易走进我的店，因为他更清楚地知道我卖的是什么产品，我的产品主打特色是什么，顾客选择的成本更低。

"3"的意思是，当顾客进店，或是在店门口 3 米之内，要有清楚的视觉指引，这主要是对产品呈现及菜单呈现的要求，你的墙面装饰，要让顾客有消费的冲动，你要好好利用这些细节，不要让顾客的视觉出现空白；你要好好利用这些位置，每一个展示位，都是你

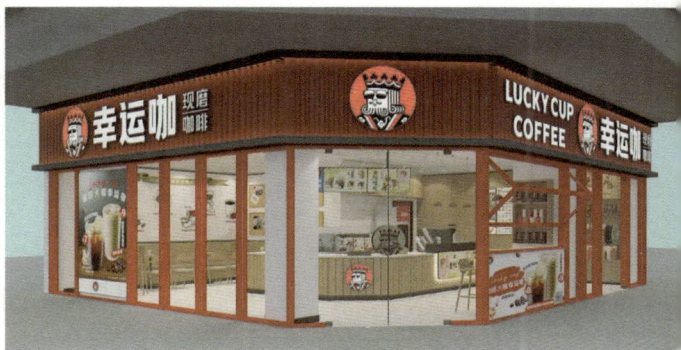

▲ 幸运咖门店效果图

的销售机会点。很多时候，店员都是被动销售的，培训好店员的销售能力很难，这时这些展示位就变成了最好的销售机会点，店员没有说话，顾客已经清楚地知道要点什么产品了，因为你营造的场景都告诉他了。

最后这个"1"说的是顾客进店后，在1米范围的消费体验。当顾客接触产品的时候，产品能传递什么样的信息，比如杯套上有一段特别暖心的话，可以引起顾客共鸣；或者杯套是可以刮奖的，这样能促进二次销售；或者杯套上的图案很吸引人，甚至可以成套收集；再或者这个杯子很漂亮，可以吸引顾客拍照发朋友圈，并且还方便顾客带走，变成流动的广告牌。

5. 茶饮店怎么设计才能出圈

茶饮店行业已高度饱和，新创品牌要想立足，光靠漂亮的门头是远远不够的。还要做到以下方面。

（1）店名明确，品类细分

好的店名总是能一眼就让人知道你卖的产品是什么，比如古茗、喜茶、蜜雪冰城，一看名字就知道是跟奶茶饮品有关。另外，招牌上的字体要尽量清晰、简洁大方，简洁的粗体字比细线条更容易让人有记忆点。

主招牌上要尽量体现出产品或是品类词，这样可以起到辅助顾客认识产品的作用。比如，苏阁鲜茶，只爱鲜水果，不爱乱添加；小满茶田，聚焦车厘子；挞柠主打柠檬茶；书亦烧仙草主卖烧仙草等。这些品牌通过细分品类的定位，在单品上聚焦发力，能让顾客明确地感受到自己的品牌特色。

（2）广告诱人，信任背书

找到你的产品最大卖点，将其放大成视觉图片，简单直接地呈现出来，不要让顾客去猜，比如书亦烧仙草每家店都有一个大大的海报写着"半杯都是料"，让人一目了然，产品卖点清晰可见。

还有一个就是找到能让顾客对你的信任背书的内容，让顾客产生信赖，比如书亦烧仙草会把"全国7000+门店"标注在海报上，用强有力的品牌规模作为背书。当然如果你的品牌主打鲜果茶，可以在吧台堆砌水果，也是能让顾客一目了然了解到你们主打的是新鲜水果做的茶饮。在这方面，广西南宁的阿嬷手作做得尤为出色，现场剥水果、切水果，现煮烧仙草，现熬米麻薯，他们把"所见即所得"的概念发挥得淋漓尽致，让顾客看着就放心。

（3）产品主推，氛围造势

主推产品必须有绝对的C位来展示，这一项很多人还是不够重视，在装修中，必须要预留一个视觉明显的位置作为主推产品的展示位置，这里可以时常更换内容，顾客进店可以非常直观地被主打产品吸引。

另外一个就是音乐氛围也是促进销售的细节。你还记得蜜雪冰城的主打乐曲吗？尽管听上去有点俗不可耐，但是却能带动进店率。如果没有自己的背景音乐，小伙伴的点单声音，甚至有才艺的小伙伴在门口喊麦也是绝对能吸引顾客的，所以在装修上，外放小音响，以及小伙伴的耳麦必不可少。

（4）打造本地化IP

成为本地区域茶饮的代表，这是一个更为高级的市场策略。

来自新疆的茶饮店品牌西琳姑娘，门店的设计融合经典的新疆元素，产品则围绕新疆的特色食材入手，带有鲜明的地域特色。

潮汕地区的茶饮店品牌英歌魂则把代表当地文化的英歌舞融合进品牌的包装设计上，同时加入本地食材元素，一下就激发了本地消费者的共情共鸣。

西安的茶饮店品牌茶话弄，在装修中融合极具西安本地文化的汉唐元素，产品也加入了陕西的茶文化元素，一下就变成了西安代表品牌。尽管很多人说这是抄袭长沙的茶颜悦色，但是在商业思维上，模仿成功了叫致敬，模仿失败了才叫山寨。先模仿，再超越，永远是最快捷的破圈方式。

此外，长沙的柠季、兰州的放哈，这些都是通过打造本地化 IP 破圈的。本地人服务本地人，本地人有本地人的地缘优势，本地人喜欢本地品牌，这是很自然的事。

用本地文化唤起本地人的归属感和自豪感。品牌一旦具备了情感属性，就会一下升级为有"灵魂"的品牌、有文化的品牌，让对手难以模仿、难以超越。

三、门店装修有窍门，不会较真儿真不行

开家茶饮店真的没你想得那么简单！其中门店装修是投资实体店的大项支出，所以，能省钱的地方必须省，该花钱的地方必须要舍得花，不会较真儿还真不行。

现在一家茶饮店的装修越来越重要了。当你逛街的时候，一路经过那么多的商家，让你能产生购买欲望的因素很大程度是店面装修是否吸引人。

茶饮店的装修风格多种多样，比较常见的是以茶颜悦色、民强茶铺、英歌魂为代表的国潮风；以喜茶、奈雪の茶为代表的轻奢风；以柠季为代表的 ins 风；以古茗、蜜雪冰城、茶百道、书亦烧仙草这些大型连锁品牌为代表的时尚简约风等。

这些所谓的茶饮店装修风格并没有明确的定义，只是依据他们针对的

顾客群体不同，品牌方做出的应对策略，比如喜茶和奈雪の茶，产品定价在 25 元以上，他们对标的群体一般是都市办公白领，以及有消费力的时尚青年，所以他们喜欢用一些金属线条、玻璃元素，黑金搭配或是白金搭配来突出品牌设计的高级感，让顾客在消费过程中有更多价值感体验。而古茗、蜜雪冰城、茶百道这些大型连锁品牌的装修风格面对是最广泛的大众群体，所以装修风格更加趋向简洁，这样的装修风格更容易复制，形象也更加统一，让人有强烈的大连锁品牌的干净、整洁的感觉，给消费者一种消费信赖感。

茶颜悦色、民强茶铺、英歌魂带来的国风体验，也是我们值得借鉴的茶饮店装修风格，他们都把各自对中国文化的理解融入品牌中，给品牌注入文化属性，兼具传播价值和情感属性。

提到新一代茶饮店的装修风格，柠季绝对首屈一指！它的门店采用大量的荧光绿和玻璃元素，凸显年轻活力，并且鲜绿色的装修色彩一下让柠季迅速占据了这个色系风格，每当看到其他品牌用这个颜色，你第一感觉就是"他们肯定是在抄柠季"，可见柠季在竞争这么激烈的环境中，能够杀出重围，是抓住了新一代年轻群体的审美喜好，这是品牌对市场的迅速反应，这一点非常值得我们学习借鉴。

1. 茶饮店如何装修更吸引人

（1）门头装修有亮点

对一家茶饮店来说，门头很重要，毕竟大家第一眼看到的就是门头。设计时一定要凸显个性，便于大家记忆。独特的造型容易给消费者一个记忆点，而突出的色彩更容易让别人注意到。

茶饮店的门头装修应该包含：招牌、侧招灯箱、吧台视觉、灯光应用、音响应用五个部分。

①招牌是整个门头装修的重点，一般采用卡布灯箱和发光字两种形式最多。其中卡布灯箱由于在户外具备高透亮、高亮度、防水的效果，是茶饮店装修的首选，并且卡布灯箱到了夜晚明显比发光字要亮很多，你要知道：招牌越亮，越醒目，你的品牌传播效果越好；还有一点就是发光字可显示的内容有限，卡布灯箱则可以显示很多图案和内容，卡布灯箱的发光面积也更大，显得门头更大气。

当然，发光字也并不是完全不可取，古茗、沪上阿姨、喜茶都是选用的发光字，发光字的好处是简洁大方，配合优质的底板和发光字材质，能够凸显品牌的高级感。

而蜜雪冰城的门头招牌最特殊，它用的是 3M 灯箱加发光字，这样就兼顾了发光字的高级感和灯箱布的光感，视觉效果更加突出。

②侧招灯箱是门头招牌最重要的配角，门店的主打产品或优惠活动信息一般都通过它来呈现，如果你不在装修中提前设计出来，以后再去"亡羊补牢"就会晚了，很多城市是不允许门店门口摆放移动海报架的。

▲眷茶吧台图

③吧台视觉也是门头装修的重点，尤其是那些街头档口店，更要注意利用吧台视觉效果吸引顾客点单消费，所谓"远看招牌，近看吧台"就是这个道理。吧台的装修设计，你可以完全参考蜜雪冰城或是古茗这些大品牌，他们已经把这个研究得很透彻了。

比如吧台要尽量设计在进门位

置，这样设计最方便店员与进店顾客点单互动，更容易让顾客进门看到的店员的笑脸、好喝的产品。

侧边设计的吧台，尽量设计成斜角，这样能最大限度地做形象展示，并且吧台斜角处理也会显得进门更加宽敞，顾客进店更顺畅。

吧台视觉包含上中下三个部分：上面的是菜单显示屏；中间的是吧台展示区的台卡、促销小海报、台面展示架，以及店员的精神面貌；下面的是吧台的围挡展示，甚至还包含地面展示。蜜雪冰城把这个称为"视觉营销系统"，就是通过分析顾客的视觉关注点，来有针对性地做营销设计，起到有效促进销售的目的。

④灯光应用是最能带来消费氛围的，所以，选对灯光也很重要。

茶饮店的灯光主要分户外灯光、室内灯光和装饰灯光。户外灯光主要是招牌灯，一般以白色为主，色温要达到 5000K 以上；室内照明灯光以白光或是暖白光为主，色温达到 4000K 以上，建议选暖白光，不刺眼、照明效果好；装饰灯光则依据各自情况来定，原则上以搭配和谐、不突兀为准，比如暗藏的灯带、垂吊的吊灯；室内墙面一定要有射灯，色温大于 4500K，调准角度，突出产品海报和形象展示。整体来讲，户外灯光要够亮，室内照明要舒服，装饰灯光在细节。

⑤对于有条件的茶饮店，能有室外的音响最好，这样更容易吸引路人，并且还能经常更换音频内容，及时把店里的最新活动信息告知顾客，如果赶上节假日，室外音响热闹的音乐，也特别增加节日气氛。有堂食区的茶饮店，也要重视背景音乐，播放合适的背景音乐有助于顾客沉浸式消费，提升消费体验。

（2）颜色搭配要融洽

不同的颜色能给人带来不同的视觉体验，比如，黄色明快、引人注意；蓝色、绿色比较小清新；黑金色给人一种"冷""酷"的高级感。

传统用色喜欢用对比强烈、搭配简洁的色系，比如麦当劳的黄红搭配、肯德基的红白搭配、星巴克的绿白或是黑白搭配等，但是现在的年轻人的审美趋于多样化，他们的成长环境受到网络的影响，他们对色彩的喜好也明显不同。在他们眼里，蓝色不只是百事可乐蓝，还可以是蒂芙尼蓝、克莱因蓝；他们眼中的黄色也不一定就是麦当劳黄，也可以是爱马仕橙、柠檬黄；他们眼中的绿也不再是星巴克绿，也可以是柠季的荧光绿或是薄荷绿。

你用什么色系往往代表你的审美喜好，一旦消费群体发现了和他们一样的审美喜好，你就拥有了让他们喜欢的机会。

（3）布局合理

茶饮店的布局主要按功能区划分，最重要的五个功能区分别是：点单区、操作区、出品区、仓储区和座位区。在布局设计时，这五个区域既要形成流水线，又要彼此关联，同时满足茶饮店经营者与顾客的需求，给顾客带来良好的消费体验。

▲茶话弄门店布局图

一般来讲，点单区是店员和顾客互动最多的区域，营销展示要充分；操作区主要是店员加工制作饮品的区域，物品陈列摆放一定要顺畅，最好店员一转身的距离就可以实现所有操作；出品区是顾客自取饮品的地方，这个位置要多注意，因为这里要摆放常用的吸管耗材物品，所以位置要宽敞，台面宽度一般不低于 50 厘米，如果外卖单量多或是生意特别好，这里还要摆放更多的产品，所以台面宽度要在 90 厘米左右；仓储区尽量设计成墙壁上的置物架，在空间充分使用的前提下，以节省空间和方便拿取为原则。

座位区到底多大合适？很多初创的小伙伴，总喜欢压缩生产空间和储存空间，尽量预留更大的消费区，其实这是错误的。对于茶饮店来说，有太大的消费堂食区并不见得是好事，因为茶饮店外带很多，顾客在堂食区的停留时间往往不长，所以堂食区的面积一定是在先满足生产和储存需求之后，再合理决定的。如果堂食区够大，还要合理规划舒适的卡座区和座椅区，此外最好要有适合拍照打卡的点位设计，它可以是一个"画风清奇"的主题画，也可以是造型个性的主题墙，当然也可以是氛围特别的装修环境。总之，堂食区除了方便让顾客来消费，就是吸引顾客来打卡。

（4）风格协调统一

如果一个人的穿着上半身是淑女风，下半身是运动装，就会显得很不协调。茶饮店的装修也要保持装修风格的协调统一。墙上的绘画、店里的用品、柱子上的挂件，以及桌子、座椅等风格都要相协调。如果一家店的定位是小清新风格，那么相应地，店内物品的色彩以及图案都要保持清新自然的风格。

2. 关于茶饮店装修，再说几个容易被忽略的小细节

茶饮店的装修大有学问，从门头到店内，从空间到布局，以及店内的装饰、家具，还有用料选材等都要反复考量，在施工期间也有很多需要注意的地方。

（1）如果预算够，要找专业的设计团队做一个整体的规划设计，要找那种有多个茶饮店设计经验的团队，他们能帮你规避很多茶饮店装修的坑，去哪里找到这些茶饮店设计师？抖音是个好工具，在上面很容易找到设计师。

（2）一定要找做过茶饮店装修的施工队，不要找做家装的团队，因为这些做家装的施工队并不懂茶饮店装修，会出现很多问题。

（3）"轻装修、重装饰"是茶饮店装修的大原则，毕竟商铺不是自己买的，所以不要在硬装上投入太多，这方面可以学习蜜雪冰城，他们墙壁处理都很简单，处理干净，都不刷墙，直接扣板上墙，省工省时又省钱，装修效果还实用。小白开茶饮店创业，就学蜜雪冰城就够了。

（4）操作区的设备布局一定要考虑流畅性。茶饮设备的贸易商，一般都会帮你做专业布局，另外一个就是，一定要考虑仓储区，茶饮店的货品存放也很让人头痛，你要提前规划，提前做好货架和壁柜，把货品分类放好，否则忙起来，想找个果酱都要翻半天！

好了，关于茶饮店装修，就说这么多，茶饮店装修不易，筹建期间，也是你最辛苦的一段时间，尽量选专业团队辅助，否则如果你深陷装修琐碎问题，则没有精力好好琢磨开业细节，祝你好运。

第五章

小店创业不容易，
小白也要变大师

开一家茶饮店是一个麻雀虽小、五脏俱全的生意，看着挺简单，但是里面的学问大得很。每一个茶饮店老板都必须是个多面手，不能说样样精通，但是起码也要每个环节都"略知一二"。

茶饮店之间的竞争，背后其实是品牌之间的竞争、茶饮店老板之间的竞争。哪个茶饮店老板在经营上花心思更多、更踏实努力、更坚持，哪个茶饮店的生意往往就会更好。

一、爆品思维，茶饮店菜单的秘密

茶饮店经营，不管营销多花哨，最终还是要靠产品征服顾客。

大型连锁茶饮店品牌经过多年的沉淀，已经有了一套完整的产品体系，我们如果加盟他们，直接按部就班、听话照做就好，但是创业小白如果要自创茶饮店品牌，一上来就盲目照抄这些大品牌的产品，往往也是费力不讨好的，因为关于菜单的秘密真的太多了，我现在就来帮你理清楚茶饮店菜单背后的秘密！

1. 市场调研

在门店菜单明确之前，你一定要先做市场调研，没有调研实践，就没有发言权。

（1）本地竞品调研

在确定开店前，你可以先把本地多数的茶饮店销售最好的爆品都试喝一遍，并且拍下他们的菜单，回家统一做对比分析，哪家的生意最好？哪

家的某款饮品销售最多？菜单上的
产品是如何分类的？把这些都要分
析一遍。你对竞品菜单的分析过程，
其实就是对自家产品的思考过程。

　　还有一项数据，就是外卖平台
上的竞品你同样也都试喝一下，认
真想想人家的产品订单量为什么能
那么高？

　　竞品调研的时候，最忌讳的是
戴着有色眼镜看对手，总感觉对手
这里不行、那里不行。对手能把生
意做这么好，一定都有他们的长处，

▲ 苏阁鲜果茶门店的菜单展示

我们调研的时候，应该更多地看对方的长处、多学习对方的优点。

　　通过研究竞品，感受竞品的爆款的爆点在哪里，分析本地消费者的喜
好，这样才能最终确定自己的产品要有哪些差异化，避免同质化。

（2）大城市竞品调研

　　要在开店前以及在以后成熟运营之后，坚持每个月或是每隔一段时间
去一线城市或是茶饮店行业发达的城市去考察调研一些新品牌、去试喝一
些不同的产品。

　　一线城市，尤其是广州、深圳这些茶饮特别发达的城市，他们是整个
中国茶饮店行业的风向标。经常接触这里的茶饮店品牌，你就能把大城
市更加前沿流行的配方融合进自己的产品中，这也算是一种降维打击的
手段。

（3）产品差异化定位

产品差异化不仅是口感上的，在产品颜值上、包装上也可以多花心思。很多时候，你会发现口感差不多的产品，包装更精致的、海报广告做得更出色的，销售得会更好。所以，在研究自家产品的时候，不能只是拘泥于配方、原材料，也要多关注包装，以及照片、视频、海报的呈现方式。

大多数顾客都有喜新厌旧的习惯，推陈出新肯定必不可少，但是自己基础菜单的逻辑一定要弄清楚。

有的店生意就是不好，其实不是你做得不够好，也不是价钱定得太贵。归根结底，还是因为产品的同质化问题！产品同质化导致我们和对手的产品没什么两样，顾客在你这购买和在其他地方购买差别不大。特别对于自营品牌或者名气不大的加盟品牌来说，一定要避免同质化。

2. 菜单设计

对于茶饮店来说，菜单不仅仅是产品的售卖展示，更是引导顾客消费的关键。菜单真的不是简单地把产品名称、价格罗列上去。菜单的设计其实是一场营销活动，需要精心策划布局。接下来我就分享一下茶饮店菜单的秘密。

（1）产品数量

一家茶饮店，可以做的产品数量有很多，几百种都有可能，但是不能款款都上，产品过多，顾客看得眼花缭乱，无从选择，从而延长了点单时间；更重要的是菜单产品过多，容易压货、增加库存成本；还有一点就是产品太多，店员出品也容易混乱，造成出品慢、出品错单率也会高。

茶饮店菜单产品数量控制在25~35种为最合理，不过对于新开的店来说，是可以尝试品种稍多一些的，但是上限不要超过40种，这样顾客有个选择空间，我们也可以在经营过程中有个筛选产品的空间。

（2）产品分类

合理规划产品品类，可以避免顾客选择纠结，从而提高顾客点单速度。品类太单一的店，后续经营会相对困难。产品分类也不宜过多，5~7个为宜，常见的茶饮产品分类有：奶茶类、奶盖类、水果茶类、奶泡沙冰类、纯茶类，还有季节限定或是新品类。这样清晰分类，可以根据不同的消费人群来推荐产品，提高点单效率。

（3）产品命名

如果产品名称不清晰，顾客选择的时候就会犹犹豫豫。建议给产品取名时突出主要食材和卖点，尽量避免取一些让人看不懂的名字。

但是你会问，为什么茶颜悦色都喜欢取一些特别有意境的名字呢？也"感觉很好听，很有内涵啊"。确实如此，很多国风风格的茶饮店，受到茶颜悦色的影响，都喜欢把产品名字取得特别古风古韵，比如烟雨江南、胭脂阑珊、一江春水等，但是你要知道，茶颜悦色的风格是经过多年沉淀下来的，顾客早已经对这些产品铭记在心，无须给顾客解释，即使这样，茶颜悦色的小伙伴仍然在你点单过程中，也会不断地解释什么是幽兰拿铁、什么是筝筝纸鸢、什么是三季虫，你能把店开起来就已经很不容易了，你还能做到茶颜悦色这么好的服务吗？

（4）菜单的结构

菜单产品的结构和上面的产品分类不同。产品分类就是一个单纯的产品展示，目的是方便顾客点单使用，而菜单的产品结构，更多是突出店家的销售心思，是菜单产品设置的底层逻辑。这意味着，不是所有好的产品都要卖，你也要考虑，哪些是为了吸引顾客拍照传播，哪些是为了吸引

▲ARTEASG 菜单

顾客进店，哪些是为了提升客单价，哪些又是为了获得更多的利润。

所以，菜单产品的底层销售逻辑，就是茶饮店菜单的最大商业秘密。

（5）招牌产品

招牌产品一般是店内的主打产品，是具备好口碑、高复购，并且还符合品牌定位的产品，比如书亦烧仙草，主打烧仙草饮品，宣传口号是"半杯都是料"，那么他的招牌产品一定是烧仙草产品，而如果书亦烧仙草对外主推珍珠奶茶，则很有可能费力不讨好。

一家店的招牌产品往往不会特别多，一般 3~5 款，甚至越聚焦越好，毕竟 C 位只有一个，越是聚焦，越是凸显招牌产品的地位。

招牌产品也叫明星产品，是最能代表门店品牌实力和品牌形象的产品。

（6）引流产品

顾名思义，引流产品就用来吸引顾客进店消费的产品。引流产品一般也分两种。

一种是制作方法简单、原料成本低廉且价格便宜的，毕竟还是会有一批客户喜欢单价低的产品，比如很多茶饮店的纯茶系列，或是基础奶茶系列都是价格很低的，目的就是让顾客消费没压力，多消费，给门店增加人气；另外，价格便宜的产品也让整个菜单有亲民的感觉。

另一种是操作简单、成本不高，但是颜值高的产品。严格意义上来讲，蜜雪冰城推出的冰激凌就属于这一类，2~3 元一个冰激凌，好看又好吃、操作还简单，特别适合引流，而且还不会分散顾客对其他饮品的消费，起到了很好的互补作用。

（7）爆款产品

所谓爆品，其实应该具备四个特征：爆眼球、爆销量、爆品质、高性价比。这四者缺一不可。

先说爆眼球，也就是产品的颜值高，能引发顾客拍照传播，或是顾客愿意分享传播产品的口碑。

再说爆销量，如果产品只是好看，顾客很少点、产品没销量，那也是没用的。

最后就是，爆品必须品质过硬、性价比要高、顾客口碑反馈不错，这样才能有持续的好评和复购。

严格意义上来讲，爆品并不是一个具体的产品类别，它更像一种产品思维、产品理念。在爆品思维下，招牌产品、明星产品、流量产品都有可能成为爆品。

在互联网思维下，爆品更多是在品质过硬的前提下承载着流量价值和传播价值！

所以，具备传播价值的招牌产品就是爆款产品，自带流量属性的引流产品也是爆款产品。爆款产品应该是茶饮店所有产品中的绝对 C 位，如果说招牌产品还有什么四大金刚、四大天王，那么爆品就是绝对的玉皇大帝。

那么如何打造爆品呢？

①要做产品中的唯一

比如产品的量更大、料更多，更好看、更特别。像柠季的超大杯柠

▲爆品海报

檬茶，小女生单手根本握不住；还有甜啦啦推出的一桶水果茶，都是用的这个方法。

②颜值爆表，营销 C 位

爆品就是绝对的产品明星，一定要用最闪亮的灯光打亮，用最好的图片、最好的视频、最亮的灯箱海报、最佳的广告位，所有资源都给爆款，这就是一个人为造星行动。

③跨界联名，IP 赋能

如果你有资源和实力，还可以和其他的大牌推出联名款。这种跨界方式，很容易让一杯普通饮品一下就变得光芒四射。

如何鉴别产品是爆品呢？

方法很简单，就是看这个产品销售数量是否够多；看顾客是否愿意拍照、传播；顾客是否愿意复购。能做到这些的就是爆品。

最后再提醒一点，爆品也是要有利润的，如果没有利润，甚至要去贴钱做爆品，就大可不必了。

（8）利润产品

菜单上不能都是招牌产品，也不能都是高性价比的产品，如果这样，产品毛利会极低。所以，我们也要在菜单里面加入一些高毛利的产品来平衡整个菜单的毛利水平。这类产品往往用一些成本价格不是很透明的原材料制作，比如油柑茶、黄皮茶、椰奶拿铁等，顾客对这类食材没有明显的成本参照，店里自然就可以有更多的自主定价权。还有一些成本低但是出品形式看着比较复杂、颜值高的产品，也适合做高利润产品，比如可以彩虹分层的产品，或是用造型奇特的杯子出品的产品等。

利润产品可能不是销售数量最多的产品，但是它们起到了平衡菜单毛利以及拉升品牌调性的作用。比如深圳的野萃山最贵的一杯橄榄汁要1000元！上海的柠檬向右最贵的一杯柠檬茶要300元，据说是用澳洲进口的、号称世界上最贵的手指柠檬做的。

（9）季节新品

每月新品要在菜单上展示。不断地上新品可以满足老顾客和会员的需求，人如果总是吃一道菜，再喜欢也有吃腻的时候。特别是会员制的店铺，每个月都必须推出新品，否则会员续卡很难持续。

（10）常规产品

除了以上有特色的产品，菜单上还要有些常规产品或是品牌产品，一般是自己门店特色产品的一些延展应用，或是市场上比较流行的产品，要做到人无我有、人有我精。

（11）菜单消费暗示

这个小细节也很重要，菜单上的产品自己不会说话，但是可以通过显眼的图片展示来暗示顾客，比如"我是最棒哒""我是最靓哒"。所以除了文字菜单，点单台的一些产品展示台卡，或是吧台后面的产品海报灯箱都可以起到很好的消费暗示作用。

文字菜单上也可以做些产品特殊标记，比如招牌产品你就标记一个"大拇哥"，店长推荐产品你就标记一个"推荐"，这些都能对顾客点单有很好的暗示作用。

如果你的店是会员制的，那么你还可以在产品价格后面标注会员价，通过菜单告诉顾客可以办理会员，同时给顾客心理暗示：成为会员有优惠。这样的标注会使很多新顾客主动咨询如何成为会员。顾客主动问比店员主动介绍成交率要高很多。实际中，店员忙起来根本不可能给每位进店的顾客介绍办理会员的事。

二、每一个茶饮店老板，都是一个优秀的产品经理

2021 年上半年油柑茶的爆红，拉开了小众水果茶流行的序幕。

一时间很多大家平时难得一见的小众水果映入大众视野。从香水柠檬开始，油柑、黄皮、橄榄、芭乐、羊角蜜、枇杷、菠萝蜜等多种小众、区域性水果陆续被开发应用，甚至影响了供应链，香水柠檬的价格至今还没大幅回落，引发了很多地区大规模种植香水柠檬。

这些小众水果被喜茶、奈雪的茶等大品牌开发并推广上市，本身就自带流量属性，作为茶饮店老板的你，如果能及时捕捉到这些信息，肯定就容易蹭到这波流量，把大城市、大品牌的一些方法手段应用到你所在的小城市、小品牌，这就是降维打击，而这就是典型的产品经理思维，具有超强的产品感知能力和敏锐的市场洞察力。

两广地区气候炎热，是茶饮产品推陈出新最多最快的区域，经常游走于这个区域，多和这个区域的茶饮人交流学习，是你获取茶饮新品的灵感源泉。

而对于一个茶饮店老板来说，你需要了解关于茶饮的方方面面。

你既是一个茶饮店的老板，也要学会做一个优秀的产品经理。

首先，你必须要学会做奶茶，因为一家茶饮店没有太多店员，大多是

4个左右，万一哪天有哪个员工有事来不了，你随时都要顶上去！此外，在茶饮店工作的小伙伴，流动性特别大，你也必须能做到"随时待命"。

你必须要成为茶饮店里的八面手，除了会做奶茶，你也要会点单、能做卫生、能采买，还要会管理、懂营销，甚至要会维修！

1. 好产品来自哪里

好产品的组成要素有：好原料、好供应链、好配方和好包装。这四点缺一不可。

（1）好原料对饮品的好坏影响很大

就拿糖浆来说，茶饮店里常用的就有果糖、竹蔗冰糖浆、代糖三种。

第一种，果糖，也叫果葡糖浆，是茶饮店最常见的一种成品糖浆，性价比很高，市场价格大概8元/kg，不同品牌价格也有差异，普遍区间8~12元/kg。

第二种，竹蔗冰糖浆，口感清新很适合制作果茶，用于柠檬茶、水果茶等，但是成本比果糖高一些，市场价格大概20元/kg，按照常见的700ml的出品量来说，成本摊销到每杯增加0.5~0.7元。

第三种，就是代糖。代糖的优势很明显，0糖、0脂、0卡，适用人群广，高血压、糖尿病人，甚至减肥人士都可以喝。价格相对竹蔗冰糖又高一些，大概30元/kg。当然两者对比，口感也略有些差异，竹蔗冰糖口感更清新，代糖更健康，具体看你的门店定位。

一杯好奶茶，茶底是关键！

奶茶的香气、口感、回味，统统由茶底来决定。这里也简单分享下茶饮店常见的基础茶底应该怎么选。

【阿萨姆红茶】

汤色深红微微褐色，调配出来的奶茶颜色也是典型的茶褐色，茶香浓郁厚重，苦涩感明显，需要加入醇厚的牛奶和较多糖来平衡味道，由于其茶味足、价格低，是茶饮店最常用的基础茶，但茶味过重，需要进行调味搭配。它是港式奶茶、黑糖奶茶的常用茶底。

阿萨姆红茶中咖啡因含量较高，有一定的提神效果，但饮用过多可能会使心跳过速，介意的小伙伴也可以慎重选择。

【大红袍岩茶】

汤色橙黄明亮，带有淡淡的桂花香和茶油的奶香气，无茶涩，非常适合搭配奶茶、奶盖茶、水果茶、冰淇淋，是奶茶的绝佳搭配，但不适用于水果茶等清淡的饮品。

【四季春茶】

这是茶饮店最常见的一款基础茶，因为一年四季都能收获，所以才被称为四季春。四季春茶汤色淡绿或金黄，冲泡奶茶后，颜色清淡，茶味比较淡，回甘生津，容易被奶味掩盖，由于价格低廉，被茶饮店广泛用于奶茶和水果茶中。

【茉香绿茶】

带有茉莉花和绿茶的双重香气，茶汤带有明亮的黄绿色，调配奶茶后颜色清淡，非常适合冲泡水果茶，常用于制作茉香奶绿、茉香芝士奶盖、茉香水果茶。

那么你知道手打柠檬茶的茶底怎么选吗？

常见的有三种：红茶类、绿茶类、鸭屎香（乌龙茶类），这三者各有所长，具体的不同茶叶品种搭配香水柠檬，也能带来不同的口感。

鸭屎香有一股清香味，喝起来不腻不涩；

红茶类就是比较浓郁，喝起来容易上头；

用绿茶制作柠檬茶，比如四季春、茉香绿茶，口感清新，茶味比较清爽，具体看个人口感。

好的茶汤，需要好茶叶、好水质、泡茶的温度和时间，根据你买的茶叶，可以调整产品配方。各地区口感差异不同，所以要根据自己的口感来调整，然后再出品。

茶饮店的水果该如何保存呢？

水果作为茶饮店不可缺少的制

▲茶百道的佛手柑柠檬茶

作原料，新鲜程度尤为重要！但是水果本身就有贮存期限，贮存条件是否良好会对贮藏期长短造成影响，但每种水果适宜的贮存温度也不同，所以，存储环境就是其中的关键条件。

第一，热带水果不建议放冰箱。

第二，外皮薄的水果，比如樱桃、蓝莓、草莓、葡萄等，这些水果表皮容易受到损伤，最好装盒保护好后放冰箱冷藏，温度在 2~5 摄氏度。

第三，皮质较厚的水果常温或冷藏均可。比如橙子、西柚、西瓜、柠檬等，这些水果的表皮较厚、方便保存，所以常温或是冷藏均可，当然，如果条件允许，冷藏效果更加。冰箱冷藏储存过程中，注意冰箱内不要有残余积水，避免内部湿度过高导致水果加快变质。

注：冰箱的选择一般有两种——风冷冰箱和直冷冰箱。风冷冰箱制冷速度比较快，湿度比较小，气味也比较清新，但是食物表面水分蒸发快，

表皮容易干，价格相对便宜得多；直冷冰箱制冷速度稍慢，但是箱内湿度较大，食物水分流失没那么严重，价格相对要贵一些。

除了以上这些，茶饮店还需要用到很多品牌的果酱、小料等，不同品牌制作出来的果茶口感也都有差异，需要你反复尝试后，根据门店的产品定价来综合决定。

（2）找到优质食材，也要找到优质的供应链

一般来讲，每个省内的大城市，比如省会城市，都有完善的奶茶贸易商，但是由于每个贸易商所代理的原料品牌不同，所以你要经过反复测试来决定用哪家的产品。原则上，越是源头的供货商价格越便宜，但是源头供货商往往需要达到一定的供货量，所以，也需要你来做一个平衡。

（3）不同原料的配比，最终决定了每一杯茶饮的口感差异

那么，如何获得最佳配比呢？这个没有固定的答案，全靠你反复的测试和市场反馈。还有一个你一定想知道的问题，就是拿到某大品牌的配方，是否就能做出一样的产品呢？答案是：可以借鉴，也可以做到近似，但是很难做到一模一样。因为这些大品牌的产品所用到的原料很多是厂家定制的，不对外销售；另外一个，哪怕你能找到这些原料，由于你的拿货价格比品牌方的拿货价格高出许多，你也不会选择；更何况，你的产品定价和大品牌不同，你想用也未必用得了。

（4）好产品是设计出来的，好产品不能少了好包装

有创意、好看、好喝的产品，总是会吸引无数回头客。

除了对产品本身的口味进行研发，也要对产品的出品形式、出品杯具进行选择，甚至还要对服务过程进行设计，也就是对产品的色、相、味、器、形的设计。

在手机功能越来越强大的今天，如果你的产品无法让顾客感到惊艳并

且想拿起手机拍照，你的产品已经输了一半。

产品的高颜值来自两种设计：一种是产品本身具有的高颜值，例如各种好看的分层饮料、加料饮料，或是带有漂亮奶油顶的饮料，均属此类；另外一种则是借助辅助的道具提升产品的颜值，例如搭配产品的杯套、打包袋、特制的杯子，或是巧妙点缀的小装饰物，例如奶油顶上的卡通饼干等。

▲莫沫南路推出的小熊杯

当然，好的饮品设计并不一定都是外在的，其口感和品质才是核心，千万不要为了把饮品制作得漂亮，而忘记茶饮店的产品应是被用来享用的本质。有时产品的品质逻辑和出品的效率逻辑会有冲突，你要根据实际情况来平衡决定。

2. 茶饮店到底能不能加小吃

这个问题，需要思考的底层逻辑是：你的茶饮店如果不加小吃能否更好地赚钱？

如果你的茶饮店能赚钱，当然就不要加小吃，毕竟从操作空间上和操作流畅度上来说，增加小吃就是增加操作环节、增加备货，同时也会给顾客一种不专业的印象，如果顾客想吃东西，为什么不去小吃店？为什么来你的茶饮店？

但是，如果你的茶饮店面积较大，有足够的操作空间，并且在下沉市场，比如在小县城或是城乡接合部的小商超里，顾客在门店的停留时间较多，加入适当的小吃，比如鸡蛋仔、烤肠、卷饼等小零食，这些操作简单的小吃反而会提升客单价，所以加不加小吃，取决于你的店里具不具备条件和顾客是否有需求。

三、再好的老板也要好伙伴，把员工发展成事业合伙人

一家茶饮店看似简单，但也不是只靠你一个人轻而易举就能开起来的，也需要找到好伙伴！

好的伙伴总是能帮你排忧解难，关键的时候能给你带来不少帮助，但是茶饮店行业招人越来越难，好的调饮师更是难找，那么去哪里能找到优秀的茶饮店伙伴呢？

第一，你自己就要变成一个优秀的调饮师。所谓靠天靠地不如靠自己，一家小店总共就几个人，每天都是那些事儿，你只有自己多操心，才有机会得到更多回报。

第二，多和同行打交道，同行不一定都是冤家，也可能为你带来很多行业内的信息，甚至有机会成为合作伙伴。同行的小伙伴，都是经过培训的熟练工，可以直接上岗，马上创造效益。

第三，把自己的门店口碑树立好、品牌势能做起来，生意好了，自然也容易招纳优秀的新伙伴。所谓鸟择良木而栖，人择君子而处。

1. 什么才是茶饮店的好店员

茶饮店大多数门店比较小，堂食区小，以外带居多，所以优秀的茶饮店店员一定是要会带货的。

以我朋友的茶饮店为例，他们的生意特别好，一家只有 45 平方米的小店一个月可以做到 25 万元的营业额。这个朋友要求每个店员都要试喝每一款单品，店员只有清楚地了解产品的特点，才能给顾客做相对精准的推荐。比如，当面对顾客提出的"我喜欢清爽的""我喜欢淡的""我喜欢饱腹感强的""我喜欢奶味浓的""我喜欢茶味浓的""我喜欢天然的""我想要不长胖的"等需求时，他们都可以第一时间给出最好的推荐。店员一定要喝过门店所有的产品，并且在喝的过程中，店长会把每款产品的卖点讲给店员听。

顾客在看菜单的时候，店员可以主动把经营的种类说一下，比如奶茶 / 果茶 / 纯茶 / 酸奶等，让客户有个大概的方向。如果顾客想喝果茶系列的，优秀的店员会按照这样的顺序推荐给顾客：从招牌款到价格高的利润款再到价格低的常规款，然后再通过观察顾客的反应，及时补充介绍产品的特性，介绍哪些果茶的茶味会更浓一些，哪些果茶的口感会更清爽，好店员总是会引导顾客做出选择，从而快速解决点单效率问题并提升客单价。

在给客户的推荐过程中，如果客户完全不考虑价格问题，只考虑自己喜好任意点，对这样的客户，店员很容易向他们推荐新品和爆品。

如果顾客点的都是最便宜的流量款，这也没关系，来的都是客，每个人有不同的消费观念，我们做销售的时候要学会尊重每一位顾客。所有的销售技巧只是为了店铺持久的运营，要有好的心态对待每一位客户。

2.如何管理好茶饮店的年轻店员

茶饮店创业，投资虽然可大可小，但琐碎的事情还是很多，每天需要做的事情有很多，现在很多年轻的员工个性很强，如果你不学习一些管理技巧，真的很难管好这些年轻店员。

茶饮店的消费群体以年轻群体为主，而茶饮店的从业群体也是年轻群体，有大量的 90 后、95 后从业者，甚至已经有了 00 后的从业者。

那么，怎么管理好茶饮店里的年轻店员呢？

（1）拒绝教条

年轻一代的员工最讨厌说一套做一套的教条式管理，你自己做不到，还要求他们做到，这种管理方式是他们最反感的。

（2）避免缺乏激励机制

初生牛犊不怕虎，年轻人不怕挑战，更怕墨守成规，所以，门店一定要有相应的奖励机制，让年轻员工看到希望，激发他们的工作热情。

（3）开心第一位，最忌拉帮结派

一家小茶饮店，往往店员不多，尤其忌讳拉帮结派、团队不和睦，工作不开心，年轻店员随时都会走。

（4）老板别小气

年轻人出来打工，就是为了学东西、求发展、能赚钱，这三者缺一不可。现在的年轻店员，很多家里条件都不会很差，所以日常开销也很大，必要的团建活动、聚餐福利必不可少。

（5）言出必行，对事不对人

要想提升门店的管理执行力，老板必须要奉行"言出必行，对事不对人"的原则，做事以结果为导向，全员遵守，以身作则。

3. 如何把员工，尤其是店长发展成合伙人

首先合伙一定是建立在双方信任、彼此认可的基础上。

其次是门店一定要盈利，或是让人看到稳定的盈利希望。

最后，一定要做到财务公开透明，相关协议签署明确，并做好退出机制。

一家茶饮店的店长关乎整个门店的经营管理水平和收益水平，是店里最重要的岗位，如果能把一名优秀的店长发展成合伙人，无疑是最好的选择。

把茶饮店店长发展成合伙人，还需要注意以下几点。

（1）对门店整体投资明确核算后，释放股权合伙，店长只享有相应的股权分红权益，不享有实体的拥有权。

（2）依据各自的实际情况来制定释放的股权额度，且店长必须实际出资，不可虚占股权（也可以虚实结合）。

（3）店长作为门店的实际经营者，如果能够全力以赴地经营门店，可以把我们解放出来去做更多想做的事，所以，为了激励店长更积极主动地付出劳动，我们可以承诺在门店投资回收前，按照实际股权占比分红，门店投资回收后，可赠予其部分股权，这样店长会更加努力加快门店投资回收进度。

此外，由于茶饮店理想回本周期为 1 年，最长 2 年，我们还可以约定 1 年内回收门店投资，我们可奖励一定的分红权，2 年内回收门店投资享有多少股权。

举例说明如下。

一家茶饮店总投资 50 万元，店长出资 5 万元，股权占比 10%，你出

资 45 万元，股权占比 90%。如果这家店能在 1 年内收回总投资，你可以额外赠予店长 10% 的股权，也就是店长可享有 20% 的股权；如果 2 年内收回投资，双方享有正常股权。

关于店长合伙机制的合同模板，本书附录中的《茶饮店合伙人投资合作协议》模板同样适用，可依据你的实际情况适当调整使用。

第六章

奶茶经营有窍门，
营销外卖方法多

茶饮店行业竞争激烈，所以茶饮店的经营特别考验经营者对流量的抓取能力，也就是哪家店拥有最多的曝光量，哪家店的生意更容易好；哪家店的顾客消费黏性最强，哪家店的生意更容易好。

那么怎么提升门店曝光量呢？除了前面提到的门头、招牌、设计包装等，门店的营销手段也很重要，好的营销手段特别容易吸引顾客。

有不少小伙伴会问，能不能不做营销活动，只靠产品实力呢？

当然可以，但是你要知道，如果你不做营销活动，但是你的竞争对手做，还天天做、不间断地做，如果你是顾客，你会怎么选？再好的产品品质，相比有诱惑力的营销活动，都是软弱的，更何况茶饮的消费群体，购买茶饮更多的是凭喜好和心情。接下来的几节内容，我们就好好聊聊茶饮店里的几种营销手段。

一、打折赠券方法多，适合的就是最好的

茶饮店可以做的营销活动有很多，但是，我们在做任何活动之前，要先了解我们做活动的目的是什么，是为了拓客，还是为了锁客？一定要先明确自己做活动的目的，再选择合适的活动方案。

1. 几种茶饮店常见的拓客活动方案

（1）买一送一

也就是我们常见的"买一杯送一杯"。当然，送的这"一杯"可以是指定款，也可以是等价款，具体操作规则依据各自门店实际情况而定。

优点：充分利用了顾客喜欢"占便宜"的心理，活动力度大，能达到快速吸引客流的目的。

缺点：利润比较低，一旦停止活动，销售量会急剧下滑，无法持续锁客。

建议：此类活动不适合长期去做，以免让顾客产生低价消费依赖。建议在开业／节假日／店庆等重大节庆时间段，偶尔做此类活动，适合刺激顾客消费。

注意事项：不要送不好卖的产品或者滞销的产品，最好让顾客自由选择。如果你送新品或是畅销产品，售卖效果会更好，但是也会拉低产品单价。

（2）加一元送一杯

就是顾客在消费之后，可以通过加 1 元或是加少量的钱来得到一杯更有价值的产品，让顾客有更多的满足感和超值感。

优点：如果店开在消费水平比较高的地方，买一送一并不那么合适，因为人们会产生产品制作成本低、品牌很廉价的错觉，加购活动反而会让消费水平高的人愿意去尝试。

缺点：利润比较低，一旦停止活动，销售量会急剧下滑，无法持续锁客。

建议：此类活动不适合长期去做，可以在上新品的时候做，这样不会让人产生产品不好的错觉。

注意事项：长时间做此类活动会造成顾客对品牌消费的疲软。

（3）第二杯半价

顾客在消费时，购买第二杯可获得半价优惠。

优点：相比买一送一，这类活动折扣略微有所提高。第二杯半价核算下来相当于打了 7.5 折，这和直接给顾客打 7.5 折一样，但是换了个说法效果就完全不同。它会让顾客觉得，是因为买了第一杯后，第二杯才有的优惠。如果不再买一杯就享受不到优惠了，会觉得可惜。所以，更容易"一念之间"再买一杯！

缺点：这个活动效果确实不错，但是太多门店在做，导致顾客对这类活动较为麻木。如果操作不当，无法实现持续锁客的目的。

建议：这算是一个比较有效的活动，也是茶饮店最常用的销售活动。如果门店附近的竞争品牌比较多，而你在产品表现、品牌知名度上没有优势，活动效果会非常差。如果你能给顾客一个购买理由就会好很多，比如茶颜悦色的下雨天第二杯半价，这个活动设计得就很巧妙。因为下雨天顾客的购买欲会下降，这个时候做个第二杯半价活动，给顾客增加一个购买的理由，同时也给自己一个台阶，这样就让这个活动带有了一定的随机性，只要下雨就有活动，顾客形成消费惯性，商家也从中得利。

（4）扫码试饮活动

让顾客通过扫码（可以是微信码，也可以是抖音码）来获得饮品奖励。例如，顾客扫微信码只需 2 元就能获得一杯奶茶。

优点：这个活动有利于后续提升用户黏性，产生复购，也方便自己私域流量的建设。需要注意的是，设置扫码门槛是很重要的，这个门槛要能很好地筛选到有效的客户，为下一步将其培养成忠实客户做很好的铺垫。

缺点：有部分顾客在用 2 元买了奶茶后，出门就删除微信。

建议：这个活动特别适合在门店周边做，顾客扫完码后，可以马上到店消费。如果扫码地点距离门店太远，很多人会不愿意扫码。

注意事项：你也可以尝试让顾客扫店长码或者老板码，因为很多顾客不愿意扫店铺码。

（5）首单免费

这是一个非常高效的提升会员充值的方案。

顾客首次到店消费时，我们把顾客首单消费金额充值到顾客的会员卡里，当天的首单可以免费，卡里的钱还可以下次使用，从而达到提升顾客复购和消费黏性的目的。比如首单消费了20元，我们把这20元给顾客充值到他的会员卡里，卡里的这20元，顾客可以下次使用，而今天消费的首单就可以免单。这个活动相当于变相的买一送一，但是顾客对这种活动接受度很高，复购率还能大大提升。这个活动也有一些变种，比如两倍充值，首单免费；或是三倍充值，首单免费等。

优点：非常容易吸引人进店，成交率高。

缺点：这个活动仅适合新店开业、店庆等特殊日子，不适合长期运用。

建议：新店开业和产品出品稳定之后，即可开始这个活动。

（6）三人同行，一人免单

三人到店消费其中一人消费免单，当然也可以根据店里经营情况，设置"二人同行，一人免单"。

优点：有利于顾客来凑单消费，由于顾客需要同时购买至少三杯，从而提高了客单价。同时还能同时吸引三个顾客到店消费，提升门店人气，也起到了吸引路人的作用。

缺点：消费门槛稍高，有可能没有那么多人愿意为了一杯奶茶去再拉两个人来消费。

建议：这个活动非常适合在熟客中做，比如做微信朋友圈的推广营销，因为熟客拼团来消费比较容易。

注意事项：一般免单产品是单价最低的那一杯，所以可以让顾客都点同价格产品，进一步提升客单价，顾客也感觉你的服务很贴心，让他们享受到了这个活动的最大优惠。

（7）派发抵用券

抵用券也就是我们常说的代金券，直接派发代金券，可以吸引顾客上门消费。

▲ 产品促销海报

优点：在企业或其他单位派发抵用券，可以实现集体引流或是拼团引流。

缺点：很多时候，由于我们无法准确把抵用券送达每一个目标顾客手上，所以，我们不能确定领券的顾客会不会来购买；同时由于领到券的顾客也可能传播这些抵用券，这就给抵用券的回收带来了很多不确定性因素。

建议：茶饮店的产品一般单价不高，所以抵用券的面额设置不宜过大，比如蜜雪冰城经常发放的抵用券面额都是2元的，并且还注明了使用规则：一次仅限一张、有效期内使用等。另外，我们可以设计"定向抵金券"，比如"某某公司专用券""某某校园券"等形式，在抵用券上标记好定向企业/单位/公司的名称，这样就可以清晰地知道新顾客从哪里来，下次可以重点对其做推广。

（8）异业合作抵用券

这是指通过与周边生意不错的商户合作来让对方代发抵用券给他们的

顾客。

优点：能共享其他的商户的客户资源，同时也加强了商户之间的合作共赢。

缺点：不确定合作店铺能否落实发券。

建议：不是所有的商户都适合我们去与其开展合作的，我们尽量选那些与自身没有生意冲突，同时又有共同客群的商户。比如英语培训机构、电影院、娱乐场等都是适合我们异业合作的商户。

注意事项：在给不同异业合作的店铺的券上标注对方店名，这样就可以清晰地知道哪家店铺引流效果更好。

（9）特惠套餐

把店内合适的产品组合成套餐形式，让顾客享受实惠，这样能起到提升客单价的目的。

优点：组合的套餐形式一般是按顾客的消费人数来设计的，比如单人套餐、双人套餐、三人套餐等，如果有小吃，还可以搭配小吃。组合套餐的目的是增加收入，还可以带动一些小吃类产品的销售。

缺点：由于套餐内的产品较多，在高峰期容易出错。

建议：要弄清楚以餐带饮和以饮带餐的不同逻辑，比如，点可乐送薯条和点薯条送可乐，对顾客来说，消费心理是完全不同的。对于茶饮店来说，如果门店有小吃是非常适合组合套餐销售的。

注意事项：如果搭配的小吃是以咸辣口味为主的，会更能刺激顾客购买欲，你会发现会有不少顾客是因为小吃喜欢上了店里的饮品，这就是以餐带饮的效果。

（10）网红流行款引流

这是指用当下网络上最流行的网红产品引流，提升门店曝光度。

优点：网红产品本身就自带流量属性，可以快速聚集人气，比如之前很火的泰绿手打柠檬茶、油柑茶，几乎每家茶饮店都卖得不错！

缺点：网红产品通常流行时间很短，需要门店不断关注茶饮流行趋势。

建议：一定要充分利用网红产品的传播属性，配合适当的海报、杯套等包材来加强网红产品的社交属性。

注意事项：对冲着网红款产品来的顾客要尽快做转化，让他们喝到招牌款产品或是办理储值会员，提高留存率。

2. 茶饮店常用锁客方案

顾名思义就是茶饮店通过活动设计来锁定顾客消费，这样的锁客方案也有很多。

（1）分享送优惠券

让顾客通过分享活动内容来参与任务、兑换优惠券。

优点：这个方案有多种形式。比如，顾客到店消费后，让客户分享饮品照片、拍九宫格照片、晒活动方案、晒个人和门店合影并标注地图位置等内容到朋友圈来获得优惠券。顾客有了优惠券就有可能会复购，同时，顾客晒照片发朋友圈或是拍视频的方式，还可以增加门店的曝光量。

缺点：有顾客怕麻烦不愿意发朋友圈，或是发完朋友圈、领取优惠券后即刻删除；还有顾客会用多个手机重复领券，或是删除朋友圈内容后反复领券。

建议：要想让顾客有参与感，活动的优惠力度要有足够吸引力，同时顾客的参与过程要简单有趣，比如商家要提前编辑好晒单的文案及相关图片素材，方便顾客转发朋友圈，这样才能吸引顾客参与活动。

（2）办理会员卡

茶饮店会员卡的功能一般是三种：会员折扣、会员储值、会员积分兑换。三种形式各有利弊，每家门店都有不同情况，你可以酌情选择使用。

优点：会员折扣活动更加简单直接，但是缺少新意，容易引发顾客消费疲劳，其中会员日的方式效果不错，可以尝试，即在每月的固定日期给予会员顾客一定的优惠活动，这样有利于对会员的唤醒。

充值活动可以快速积累资金，还能收获一批稳定客户，有利于店铺的发展，但是一旦门店经营出现问题，为顾客办理退卡也是较为麻烦的事情。

会员积分兑换是目前连锁品牌用得比较多的方法，可以避免退款的麻烦，也能很好地起到锁客的作用。

▲ 会员活动海报

缺点：会员储值以及会员折扣方式都容易和外卖平台的折扣产生冲突。

建议：除非是成熟的连锁品牌，自创门店在初期开业的时候不适合储值方式，应当先建立顾客对品牌的信任，门店运营稳定后再开展储值活动；另外，由于茶饮店产品单价不高，充值门槛不宜过高。

当然，以上分享的一些锁客方法都是茶饮店比较常见的小手段。很多有实力的茶饮店，还会用到自己的 APP，或是专业的小程序来实现更大的锁客效果。这些小程序的功能很强大，锁客的办法有很多，比如分享得积分、分享换购、转盘抽奖、拉新优惠，甚至还有很多有趣的游戏功能，在这里就不一一介绍了。

需要特别提醒的是，很多店主为了引流或消耗库存去做降价促销，甚至长期低价促销，这很不可取。这样做很容易产生反作用，在消费者心里，产品形象会变得很廉价，顾客容易形成没有活动就不买的心理。

二、只需不到 1 元钱，创意茶饮店营销手段分享

茶饮店竞争激烈，必须要经常靠各种各样的营销活动来刺激流量和引发顾客关注，但并不是所有的营销活动都需要很多钱。下面是我收集的一些好玩有趣的茶饮店创意营销方案，其中有不少方案成本还不到 1 元钱。

1. 杯身 / 杯贴 / 杯套营销

顾客离开门店后，就看不到店里的海报、广告了，而杯子就成了门店"最后一块广告牌"。如果能在杯子上做出营销花样，则比门店的海报更直观、更有影响力。

比如，我们可以把杯身设计成各种主题，或是吸引顾客在杯身上涂鸦、画漫画，然后顾客再凭"杯身涂鸦"作品来兑换奖励，这个方法不但能提升顾客的参与感，还能让顾客自发地拍照晒朋友圈。

如果你觉得在杯身上做营销投入还是有点大，毕竟定制杯子需要起订量，这个成本不低，那么，还有更便宜的方式，那就是杯贴，也就是制作

各种好玩有趣的背胶贴纸贴到杯身上，也可以贴到杯盖上，主题可以是文字，也可以是图案，可以凸显产品内容，也可以突出品牌特色，也可以是一句网络梗，总之怎么能让顾客有记忆点、有想拍照的冲动，就怎么设计。

杯套营销绝对是近两年茶饮店行业最经典的营销神器了。一个小小的杯套，已经不只是起到"防烫""隔温"的防护功能，它也可以传递出品牌的价值观。如果我们把营销的功能展示到杯套上，这个小杯套一下就变成了营销利器。

杯套的投入成本不高，而且杯套本身就是固定支出，我们可以把抽奖信息印在杯套上，再通过刮刮卡的形式让顾客参与活动，这样节省了物料投入，又把抽奖活动和门店产品结合到一起，顾客走到哪里就把产品宣传到哪里，这就是一个"行走的广告牌"。

除了刮刮卡式的杯套，我们还可以用特色方言引发本地顾客的消费共鸣，这就是典型的区域品牌打法。再或者把有趣的网络梗印刷在被套上，传递出品牌个性和消费情绪，引发顾客传播热情。

杯套也可以设计成各种主题，比如一家开在法学院附近的饮品店，直接把杯套设计成法院传票样式，很特别又带有法学院的元素，开在医院里的饮品店，则把杯套设计成病例卡样式，饮品的名字也直接改成"满血复活""妙手回春"这些有趣的医院主题

▲ 书亦烧仙草的杯套

的名称。当顾客拿到一杯这样的饮品，很可能会拍个照、发个朋友圈。

"产品是最好的营销"，而产品的外包装则是顾客最直接接触到的媒介，是与顾客互动的绝佳载体。有趣新颖的包装设计一方面赋予了消费者更多的购买理由，另一方面承载着品牌文化、情感等附加价值。可口可乐的台词瓶、江小白酒瓶文案、小蓝杯的杯套创意等，那些有颜、有梗、有态度的包装更容易引起年轻人的喜爱。茶饮店要在营销上做出差异化，不如先从杯子上试试。

2. 刮刮卡营销

刮刮卡简直就是茶饮店经典的营销神器！最有意思的是，刮刮卡与盲盒奶茶一样，都充满了不确定性，让人有一种不可抗拒的购买冲动。刮刮卡也是大家的童年记忆，容易让人有新奇感和怀旧感：怀着期待又紧张的心情刮开纸片"中××奖"的兴奋或是"谢谢惠顾"的失望，都会刺激顾客想去再刮一张。这个方案让营销充满趣味性，很容易提高顾客的参与度。

刮刮卡营销方案具体做法如下。

（1）店家可以提前定做一批刮刮卡。内容设置为"1毛喝奶茶""买一送一""招牌××款半价""指定××款免单""谢谢惠顾"等，内容可以脑洞大开地去想各种优惠方式。

（2）顾客通过进店或外卖收到卡片，刮开刮奖区，加门店微信参与活动，按照刮出的内容去门店兑换相应奖励，这个方式能很好地对线下门店起到引流作用。

（3）品牌发展初期或是一些新店开业，刮刮卡活动能够快速提升拼单率及顾客下单率。

（4）刮刮卡的形式也可以应用到杯套上，方法也很简单：直接定制刮刮卡杯套，顾客在随机购买奶茶的同时，也会得到刮刮卡杯套，同样起到刮卡抽奖的作用，并且个性的杯套设计也有助于顾客拍照传播。

这些引流活动能引导顾客多去尝试店里其他产品，不仅提高客单价，也有机会留住顾客。

3.盲盒奶茶营销

盲盒奶茶的创意是来自于"中空杯"和"盲盒"的结合体。

中空杯的概念最早出现在网红茶饮店品牌伏见桃山（后改名为"伏小桃"）。所谓中空杯，其实一个大杯套小杯，杯子看起来更大气，也更有价值感，而里面的小杯才是真正的产品。

盲盒奶茶就是把盲盒的概念运用到这个中空杯上，店家在中空杯的空隙中放入年轻人喜爱的各种小饰品、小礼品，让顾客得到一种"盲盒抽奖"的快乐。

▲沪上阿姨的盲盒营销

盲盒奶茶操作时需要注意的是，一般适合盲盒奶茶的产品，要选用漂亮的、适合打卡拍照的产品，这样方便顾客拍照传播。

还有一点，因为中空杯里放进去的小礼品也是要计算成本的，再加上中空杯本身的成本不低，所以适合作为盲盒奶茶的产品本身毛利要尽量高一点。即便如此，盲盒奶茶本身利润也极低。

盲盒奶茶更看重的是营销价值,盲盒经济的火爆其实是产品提供的情绪价值的红利,也就是用户愿意为了互动体验和互动感受去付费。

4.扭蛋机营销

扭蛋机营销的操作逻辑和以前常用的抽奖箱方式接近,都是借助顾客的"彩票心理",操作简单、好玩有趣,顾客参与感强。

下面是扭蛋机营销方案的具体操作步骤。

(1)首先采购一个扭蛋机。扭蛋机在网上就能买到,投资也不大。扭蛋机里的彩球可以放入各种优惠活动的纸条,纸条上印上店里的二维码和兑奖方式,比如"霸王餐""第二杯半价""1毛喝奶茶"这些力度比较大的活动。

(2)把扭蛋机放在店门口或者人流量大的地方引流,顾客通过扫码添加门店微信就可以参与扭蛋抽奖。

(3)顾客在扭蛋机上扭出彩球得到奖励后,添加门店微信就可以到店兑换相应奖励。

(4)扭蛋机方案特别适合新店开业时促销使用,尤其是如果门店周边学生群体多,那么效果更佳。

扭蛋机营销也有几个类似的方式,比如幸运大转盘、抽奖箱、掷色子等,这些营销方式都大同小异,也可以根据各自门店的实际情况合理选择。

以上几个方案都是为了门店引流,也就是增加了门店"进店率",但对于一家茶饮店来说如何提升"复购率"才是关键。门店光是产品好喝是不够的,想要让顾客复购得给顾客一个再来买的充分理由。

5. 几个提升茶饮店"复购率"的小妙招

（1）买奶茶送小黄鸭

操作方法很简单，就是网购大小两种小黄鸭，顾客买一杯指定奶茶就可以赠送一个小黄鸭，积累一套或是多个小黄鸭就可以换一只大黄鸭。

这个方案充分利用了顾客有"收集癖"的心理，通过吸引顾客收集小黄鸭来提升门店复购率。

此外，买奶茶送小黄鸭活动的另外一个重要的意义是让一杯普通的奶茶具备了可传播的社交属性。你会发现，有很多到店消费的顾客，在买完小黄鸭奶茶后都会拍照发朋友圈。

（2）集福卡营销

这个方案操作更简单，表现形式也有很多，就是在奶茶杯身上挂上不同的祝福卡片或是书签，顾客收集成套的卡片后就可以兑换奖品。

挂杯的祝福小卡片网上就能买到，价格也很便宜。

这种成套的集福卡营销方式，本质上和以前茶饮店里常用的积点卡/积分卡是同一个逻辑。

但是要想营销效果好，有三点要注意。

①兑换的奖品要颜值高或者要有实用价值；

②集齐成套卡片难度不宜过大，不能让顾客感觉遥不可及；

③可以升级为玩游戏抽卡方式，让顾客有更多参与感。

（3）收集麻将牌营销

成都有一家茶饮店，每一杯奶茶的杯盖上都放着一块麻将牌，这吸引了大量顾客下单，并引发全网传播。

这个方案操作也很简单，带麻将牌的杯盖网上就可以买到，麻将的背

▲ 沪上阿姨的麻将牌营销

面朝上，花色朝下，由顾客自行翻开参与活动。麻将杯盖的成本不高，方案效果却出奇的好，顾客在收集的同时，也增加了拍照传播的欲望。

此外，这家门店还设置了多重惊喜。翻开的麻将花色：A. 两张相同，就可享受第二杯半价；B. 三张相同，赠店内指定饮品；C. 四张相同，赠店内任意饮品 + 隐藏饮品共两杯。

这个创意不但结合成都的本地特色——打麻将，让品牌具备了鲜明的地域属性；对消费者来说，也增加了趣味性和参与感，使其体会到一些类似抽盲盒的刺激感。

做这个活动也有几点注意事项。

①店家要考虑顾客的中奖率。如果顾客总是不中奖，或是中奖难度过大，会降低顾客参与活动的热情。

②参与活动的产品推荐用招牌款或易操作、出品快的产品，同时控制原料成本。

③麻将杯盖可以网上定制，但是相对普通杯盖还是增加了一些成本。另外，要参与这个活动，顾客最少要买两杯产品，这样做既能兼顾到成本，也能让顾客参与感更强。

三、口号喊起来，顾客走进来

现在茶饮店竞争太激烈，每个店家都使出来浑身解数来吸引顾客。

对于顾客来讲，鉴定一个茶饮店经营水平，除了看店面形象、出品能力，还要看服务水平。好的店面形象来自于总部的视觉体系设计和店面的装修；好的产品则来自于总部的配方和门店的执行力；而好的服务水准，不但考验团队的执行力，更考验团队的管理能力，所以从店员的精神面貌和销售氛围，就能看出一家茶饮店的经营水平处于什么段位，好的茶饮店一定有好的门店销售氛围，尤其是街头茶饮店，面对众多品牌竞争，当顾客从门口经过，这时员工的服务热情度对门店销售来讲尤为重要！毫不夸张地说：口号喊起来，顾客才能走进来！

案例 1：蜜雪冰城的喊麦小姐姐

蜜雪冰城可谓是下沉市场的奶茶之王！

而蜜雪冰城门店应对下沉市场的方法和手段也非常值得我们学习借鉴！

除了他们非常优秀的视觉识别系统、可视化营销系统，还有 2021 年人尽皆知的营销神曲，另外还有两样营销手段也非常值得借鉴，尤其是对于小城市的茶饮店。

第一个是雪王公仔的引流。充气的雪王公仔服，给蜜雪冰城门店带来的引流效果绝对能燃炸一条街。店员穿着雪王公仔服，随着动感音乐和门口经过的顾客互动、向顾客发传单，能起到很好的曝光效果和引流效果。同时，如果性格活泼的小伙伴能穿着雪王公仔服随着背景音乐的节奏和顾客互动，还能引发顾客拍照带来网络传播效果。

▲蜜雪冰城门店的广告

第二个就是蜜雪冰城店员在门口喊麦。由茶饮店中性格活泼能喊麦的店员把店内的产品特色和主打产品巧妙组合到一起，热闹喜庆、动感十足，很容易吸引顾客驻足停留。

下面是从网络上节选的四段蜜雪冰城的喊麦词，绝对朗朗上口，韵律感十足。

蜜雪冰城喊麦词 1

花小钱买好货，不买就是你的错；有圣代有奶昔，蜜雪冰城价格低；冰淇淋化得快，不如来个大圣代；人之初、性本善，骗人的买卖咱不干。

蜜雪冰城喊麦词 2

有缘千里来相会，蜜雪冰城不算贵；天若有情天亦老，摇摇奶昔不能少；两个黄鹂鸣翠柳，黑糖珍珠必须有；在地愿为连理枝，棒打鲜橙随你吃；今夜华宴终散场，摩天脆脆要买光；春风不度玉门关，杨枝甘露必须干。

蜜雪冰城喊麦词 3

走大街、串小巷，蜜雪冰城逛一逛；肩并肩、手牵手，买杯蜜雪带着走；蜜雪冰城啥都有，有奶茶来有果茶；奶茶果茶鲜果茶，你想喝啥咱有啥。

要问奶茶哪家强，蜜雪冰城找雪王；奶香茶香奶茶香，冰制奶茶尝一尝；椰果奶茶超好喝，大杯果肉多又多；大红豆、小红豆，蜜雪奶茶喝不够；这边走来这边看，这边奶茶最划算。

蜜雪冰城喊麦词4

今天喊麦说点啥，说一个道一个，想起哪个说哪个；柠檬水四块钱，好喝好看又省钱；加冰加量不加钱，喝了美容又养颜；蜜雪好、真实惠，品种多、还不贵；产品好、价格低，走遍全国数第一！

类似以上的喊麦词网上还能搜到很多，只要你真心想把生意做好，办法总比困难多。很多人会担心面子问题，会不好意思，但是你要知道，如果你想赚钱、想改变自己的命运，就不要总担心面子问题。

当然，这样的喊麦方式也不一定适合所有茶饮店，但是在小城市美食街的门店开业的时候，或是节假日做促销活动的时候，这个方法一般效果很好。

案例2：茶颜悦色的茶饮解说员

茶颜悦色的服务绝对是在茶饮圈值得称道的，它也因此被誉为"奶茶圈的海底捞"。

茶颜悦色的服务好，体现在很多的细节上，比如他们有专门给外卖小哥提供的各种贴心小福利，比如热水、零食、充电宝、医护用品，甚至指甲钳这类小物件都能提供。对顾客来讲，下雨天茶饮第二杯半价也是很贴心的

▲茶颜悦色门店图

福利。

人们对茶颜悦色印象最深刻的就是门口的试饮员和吧台的茶饮解说员。茶颜悦色门口的试饮员会拿着各种茶饮给路过的顾客奉上一杯茶试饮，如果你不喜欢，他们还会给你调换，哪怕你不消费，他们都会为你倒杯水，他们这么做，起到两个作用，一个把茶颜悦色的服务通过这种人与人的互动方式传播出去，形成很好的品牌形象，这个和海底捞在顾客刚出电梯时就开始热情服务是一个道理；另外就是，茶颜悦色可以通过这种形式锻炼店员。你要知道，对茶饮店员的培养是重要也是最难的。这个难点不在于各种奶茶的制作，因为这些茶饮都有固定的配方和流程，操作起来并不复杂，最难的则是服务环节，即人与人之间的互动过程，茶颜悦色的店员在门口和顾客互动试饮是锻炼员工最好的方式，这样可以很好地锻炼新员工的胆量、服务意识，提高顾客满意度，传播品牌的价值观。

茶颜悦色还有一个让人印象深刻的地方就是点单台的茶饮解说员。每一个茶颜悦色的茶饮解说员都是最好的品牌形象代言人。他们有很多服务用语。

①欢迎语：欢迎光临茶颜悦色。请问，先生要喝点什么？

②积极介绍与销售：好的，一杯幽兰拿铁。先生，要试下我们的新款产品吗？下雨天等等纸鸢第二杯半价，需要带一杯吗？请问你需要使用积点卡吗？请问你有会员卡吗？好的，请出示您的付款码，谢谢。请问您贵姓？怎么称呼？（顺便在杯子上做标记）好了，旁边稍等片刻，谢谢。

③产品出品语：不好意思，让您久等了，您的奶茶好了。需要帮您打开吗？

④欢送语：出门喝茶颜，欢迎下次光临。

以上就是每家茶颜悦色常见的服务，看起来很简单，但是做好并不容易，要知道，除了以上服务过程中的用语，茶颜悦色还有很多产品的解说词，因为茶颜悦色的产品名称都特别有诗情画意，比如幽兰拿铁、筝筝纸鸢、烟花易冷、三季虫等，光看这些名字，你根本无法想象这是什么产品、什么口感，所以每个茶饮伙伴必须要把这些产品的介绍熟记于心，随时要向顾客介绍，并且即使没有顾客的时候，茶颜悦色的小伙伴也需要不厌其烦地集体高声诵读，这个过程尽管很辛苦，但是对顾客来说，每当路过茶颜悦色的门店，都会被茶颜悦色小伙伴的热情解说吸引，忍不住就来喝上一杯。

案例3：古茗门店的服务用语训练

茶颜悦色的服务好，但是他们都是直营店，而古茗的门店大部分是加盟店，门店的运营水平同样优秀，能把几千家加盟店运营到这个水平很不容易。

古茗门店对员工的训练虽然没有茶颜悦色那么复杂，但是同样也非常注重店员与顾客的互动，因为他们深知，再好的产品，如果没有人文情感的注入，也是没有灵魂的。

每家古茗新开店，店员都要经过严格反复的服务用语训练。

很多人不理解这种茶饮店喊口号的行为，他们会觉

▲古茗门店图

得这是一种噪音，甚至是一种多余的行为。这是因为他们不是茶饮店行业的人。事实上，根据自身品牌的定位，或是门店所处的商圈特性，使用合适的服务用语及表达方式的确能给品牌加分，也会给门店销售赋能。

热情洋溢的服务用语总是能够带来最佳的销售氛围，在合适的门店、合适的时机，热情的服务用语永远都会给门店销售加分。

四、学会做外卖，找到茶饮店业绩增长的第二空间

茶饮店竞争激烈，不仅体现在线下，也体现在线上，甚至线上的竞争比线下的还激烈。

那么，茶饮店如何做好外卖呢？如果周边都是大的连锁品牌，那你做外卖还有机会吗？如何增加你的门店曝光量？如何增加你的顾客下单量？如何把线上的平台流量留存下来、提升复购率？接下来我就简单分享下茶饮店是怎么做外卖的。

1. 茶饮店要想把外卖做好，这几个关键点一定要做好

第一，商圈决定了你的外卖天花板。

茶饮店经营的关键是选址，这说的不只是线下，也包含线上，而线上单量，除了产品的技术因素，也跟所处商圈的好坏有很大关系。

那么，什么样的商圈是能做出大单量的商圈呢？

答案是：有高单量的其他茶饮店，或是高单量的近似品类的茶饮店的商圈。

这些茶饮店的外卖销售数据能作为重要的参考依据。如果你所在区域多数茶饮店的外卖数据一般，说明这个区域的茶饮外卖需求也一般，反之，则说明这个区域的茶饮外卖需求旺盛。

侧重堂食和侧重外卖的选址方式有很大不同，前者的位置怎么显眼怎么选、招牌越醒目，流量抓取能力越强，所以，尽可能选一流商圈的一流点位；而后者是一流商圈的三流点位即可，这样的地方享受了一流商圈带来的流量，又不必承担一流商圈的高昂房租。

还有一点就是每个区域都有平台的专管员，他们也很清楚所在区域的销售数据，多跟他们交流也能得到不少有价值的信息。

第二，线上装修很重要。

线上装修是很多初入行的小白特别容易忽视的事，他们会在线下门店的装修及门头上花费大量的时间和金钱，但是在外卖平台上则舍不得投入，这是不行的。

你要站在顾客的角度来审视你的店，你是不是也想看到一个有设计感的店？店内有清晰的分类信息和有食欲的图片和产品简介，还有很有诱惑力的活动设计。而这些，都是要在你的线上外卖店"装修"和"设计"出来的。

那么具体怎么做呢？其实也有窍门。你可以找一个万单店，从头像到菜单分类、产品图片、产品描述，还有活动设计，系统地进行

▲茶百道外卖店首页

学习。

第三，产品包装很重要。

顾客因为对你的店铺印象好，所以进店下单购买，但是要提升产品复购率，除了良好的产品品质，还要靠良好的服务，但是你不和顾客面对面接触，怎么体现出良好的服务呢？那就得靠产品的包装了，你要想象一下产品到达顾客手上以后如何让服务得以延续。

要想提升这方面，你可以点几个奶茶万单店或是大型品牌连锁店的产品，看他们是怎么做的，他们外卖做得好一定是有原因的。

你会发现他们的外卖包装细节都做得很到位，比如会考虑怎么能做到不会洒漏，怎么能让保温效果更好，怎么能做到把包装设计得很漂亮、让顾客印象更好。

第四，做好外卖靠技术，也靠钱。

要做好外卖，需要很多技术操作手段，但是也要靠钱。并不是你把外卖开起来，顾客就会自动找上门。把门店装修做好，需要好的图片，这需要钱；如果你不懂外卖店的装修，就要请人来做，这也需要钱；推广活动方案也需要钱；你的门店想在平台上有好的曝光量，这也需要钱！

第五，做好准备再做外卖，第一个月是关键。

很多人门店一开张就匆匆忙忙开始做外卖，结果线上订单和线下堂食同时出品，现场乱七八糟，造成堂食顾客不满意，外卖顾客投诉多。不做好准备，千万不能着急上线外卖！另外，外卖平台都有一个月的"新店流量扶持期"，这也被称为茶饮店外卖的黄金期，一定要牢牢抓住这个时间，善于运用平台给的流量扶持，一旦错失良机，就变成了"老店"，要想"老店盘活"就难得多，所以，没有准备好时，一定不能轻易上线外卖！

2. 茶饮店想做好外卖，这三个观念一定要纠正

（1）认为外卖店不赚钱

造成外卖不赚钱的主要是以下两个情况。

第一个，有单量但是没有利润，每天要三四百单以上才能挣到钱；

第二个，有利润，但是没有单量，看似每一单都可以挣七八元，但是没有订单。每天的订单量都稳定在比较少的水平。

针对这两种情况，首先需要改变的一个观念就是：外卖平台扣点很高，所以外卖本身就没有特别高的利润。

如果你发现每天有三四百单最后还是没有利润，那说明你的菜单和活动设计不合理。很可能是你的菜单没有专门设计适合针对外卖的产品，或是满减活动的设计没经过细致计算，只是拍脑门定下来的。

做好外卖，靠的是效率，效率为王。效率和流量意识一定都要有！

（2）认为外卖只是堂食的补充

有很多人会认为外卖只是堂食的补充，有这种想法的人是大概率做不好外卖的。如果你想把外卖做好，首先需要清楚外卖和门店的堂食是完全不一样的生意逻辑。如果你只把堂食的产品菜单当作外卖去做，肯定做不好，堂食和外卖压根是两个东西，关键点不一样。外卖是一个独立的生意，这也是很多传统饮品店在转型外卖的过程当中遇到的最大的一个问题，即意识不到外卖的本质到底是什么，外卖是堂食的补充，但也是一个独立的生意，要明白外卖到底应该怎么去做，我们需要首先打破这个认知的误区。

（3）认为外卖好坏全看产品口味好坏

口味一直都是产品的核心，但外卖不光是需要产品好喝，还需要好的

包装设计，甚至是对周边产品的开发。比如说外卖专用的防漏杯盖、外卖专用的保温 / 保冷杯等，这些是提升外卖复购率的因素，还有外卖好评卡，或是在外卖包装里放老板个人微信，从而把顾客转到私域流量里这样的步骤等。线上外卖流量转私域流量，这也是很重要的，毕竟茶饮店本身是需要更高复购率的。

还有管理外卖评价这个板块也很重要，鼓励消费者给自己门店好评，合理处理差评等，这些都是外卖运营的一部分，而不光是只是把产品做好。

3. 做出外卖万单店，做好这三点很重要

（1）延长营业时间，提升顾客对品牌的认知

喝奶茶首先看品牌，但是大部分的茶饮店关门时间早，如果一个顾客凌晨想喝奶茶，你的机会就来了，这个时候顾客不会纠结品牌，如果你还在营业，就很有优势。

（2）适当提高茶饮店的价格，做高门槛的大力度满减

这样做利润是会低一些，但因为满减门槛比较高，客户基本上都是两杯起点，可以提高销量。

（3）重视顾客好评

点奶茶的顾客，除去品牌的因素，更多的还是看产品本身的评价。顾客的好评可以帮助新顾客下单。

五、玩转短视频、茶饮店的私域流量与会员策略

对于一个茶饮店来说，经营好私域流量特别重要，如果你能把你自己私域里面的客户关系维护好，你的茶饮店生意肯定不用愁！

1. 什么是私域流量

私域流量是指个人完全拥有控制权的账号所沉淀的粉丝和客户的流量，比如，微信好友、公众号的粉丝都是属于私域流量。

而点评网站或是外卖平台上的用户则属于公域流量，因为这些流量并不完全属于你，你甚至连他们来自哪里都不知道。

那么，抖音、小红书这种短视频流量属于公域流量还是私域流量？

严格意义上来说，短视频上的流量是具备一定私域性质的公域流量，因为你没有支配权，这些流量广泛，来源也不确定，但是你可以通过短视频平台打造出自己的 IP 影响力，把粉丝量做起来，把粉丝黏性做起来，把粉丝的信任度培养起来，那就有可能把平台上的公域流量转化成私域流量。

但是短视频平台上的粉丝黏性仍然不高，因为他们往往同一时间在和多个 IP 互动产生链接，所以，在短视频平台上，只有将流量导入个人微信才算建立了真正的私域流量池。

微信是一个相对封闭的熟人圈，抖音、微博等各种媒体平台相对开放、陌生。如果你真的想最大限度地向用户发布信息，微信无疑是最好的选择。

因此，建立自己的私人流量池，就是通过个人 IP 影响力将抖音上的用户吸引到微信上，然后变现。

2. 如何通过抖音平台迅速建立自己的私域流量池

首先你要先孵化一个自己的抖音 IP。

基本的方法是：第一，先学会抖音平台的规则，比如有哪些违禁词不能播，有哪些画面不能播；第二，会使用必要的剪辑工具，比如，学习如何拍摄和剪辑视频，如何插入背景音乐，如何给视频加字幕，如何插入画中画等；第三，要具备良好的镜头表现能力，能够面对镜头大方自然地表达自己的价值观念；第四，能够持续输出优质的内容，吸引更多人的互动和关注。

然后，建立属于自己的抖音粉丝群，培养粉丝黏性，并筛选有价值的粉丝进入你的微信圈子。

最后，通过微信群管理，或是微信私信管理进行私域流量变现。

这个过程说起来简单，做起来的确不容易，抖音刚好还在红利期，还有机会，所以，你一定要花心思学会它。

3. 抖音账号快速增加关注量的方法

第一，找到你的对标账号。

前人栽树，后人乘凉。找到合适的对标账号，进行学习、研究，这是最快的增加关注量方法。对标账号不要选那种几十万、上百万粉丝的大 V，他们的手段你学不来，你要找 10 万粉丝以内的"小 V"学习借鉴，他们也还在摸索期、成长期，他们的成长轨迹就是你要学习"效仿"的路径。

第二，镜头表现力和节奏感永远是最重要的。

从你做抖音的那天起，就不能有"害羞""胆怯""不好意思""怕丢人"的心理。有个老师说过："如果你不能抱着'做抖音，能改命'的心态，你就做不好抖音！"所以，在短视频平台上的镜头表现力和节奏感特别重要，面对镜头侃侃而谈、大方自然、语音语调起伏得当，再用背景音乐带动节奏，这些就是做短视频的基本素质，但是这个素质不是天生的，需要练习！在你发满了 100 条视频之后，自然你就找到了短视频运营的密码。

第三，内容为王，热点至上。

你不用过分担心短视频的拍摄技巧。玩抖音的关键是：内容为王，热点至上。能够持续输出优质的内容最重要，这个内容主要分为两类，一类是有价值的干货，另一类是有趣的分享。有价值的干货来自于你对茶饮店行业的思考与感悟，有趣的分享在于你的性格和个性张力。另外，热点信息也是内容的关键，单靠内容本身能够培养忠诚粉丝，但是无法获取广泛流量和关注，而行业内的热点信息自带流量属性，如果你的内容紧追热点，就能得到更多流量关注。

最后提醒两点：一个是视频内容前 5 秒很重要，5 秒完播率决定了整个视频的浏览量和传播率；另一个是视频长度，除非内容真的非常好，否则视频长度不要超过 60 秒。

抖音平台，本质是"记录美好生活"的轻松娱乐平台，真没有那么多人听你唠叨"大道理"。

第四，垂类分享，粉丝聚焦。

你要清楚地知道你的账号的变现路径是什么。比如你想让更多人来你的店里消费，还是想让更多人通过你的短视频内容来了解这个行业？

如果是前者，那么你的抖音内容应该更多去吸引来你店里消费的人，比如多拍些店里的好产品，多拍些你店里发生的好玩有趣的事，当然最好是你本人出境，以门店为背景，或是以茶饮店老板的身份，发表各种各样的有趣言论或是独到见解。这时，你就成了自己的品牌代言人。很容易转化为你的忠诚的客户。

如果是后者，那么你的抖音粉丝应该是那些想开茶饮店的人，或是想通过你的视频学习更多开店知识的人，这时你要多拍些你对茶饮店行业的理解、茶饮店经营管理上的方法和技巧等，这样你的内容就足够聚焦，粉丝越来越多，你的事业也会越做越大！

第五，几个实用的抖音小工具。

一些提词器 APP 可以解决你总是忘词的尴尬，还有"RODE 收音设备"能让你在嘈杂的环境中依然有优质的声音效果，还有各种自拍杆、云台稳定器等，这些都是日常拍抖音短视频常用的工具。这些工具操作都很简单。

4. 抖音、快手和小红书有什么不同

提到抖音，就不得不提到快手和小红书。

快手短视频和抖音短视频是国内两个最大的流量平台，其次是小红书，但是这三者有明显区别，这三个短视频平台我都在用，接下来简单分享一下个人看法，仅供参考。

这三者用户群体明显不同，抖音更侧重娱乐和知识类内容，用户群体相对快手要质量高一些；快手群体更杂一点，内容以娱乐和直播带货为主；小红书是最好的种草工具，配合抖音是绝佳搭配，用户多以女性为主，美妆、旅游、健身、服装、餐饮、泛娱乐用户很多，所以抖音上的视频，可以直接上传小红书，也能起到不错的效果。

小红书的平台规则与抖音的平台规则类似，都属于"内容流量算法"，所以最好的自媒体平台的操作方式是：小红书种草曝光，抖音流量放大变现。

5.如何构建自己的私域流量

知道了怎么做抖音短视频，接下来就是要打造自己的私域流量了。

第一步：建立自己的抖音粉丝群。

抖音粉丝群跟微信群有点像，但是两者有很大不同。因为抖音粉丝来源更为广泛复杂，所以我们先建立抖音粉丝群，用来巩固粉丝黏性，用抖音粉丝群服务我们的短视频内容流量，提升每条视频的播放量、互动和关注度，用"老粉丝"的热度来吸引新粉丝关注。

第二步：拿到粉丝微信联系方式。

抖音粉丝群算是粉丝群体的一个筛选漏斗，它以服务你的短视频内容为主。真正想要变现，还是要靠微信私域流量，所以，拿到粉丝的微信联系方式才是真正变现的开始。

第三步：建立微信粉丝社群。

添加粉丝微信后通过日常交流、朋友圈内容的渲染，可以迅速转化有意向的粉丝。

除此之外，还可以把线下的顾客以及线上的粉丝拉入微信粉丝社群，进行深耕经营，通过社群中的互动、奖励机制，提高粉丝活跃度和参与活动的热情，从而带动门店业绩提升。当然，如果你不做抖音，你也应该重视微信粉丝社群的经营。

通过日常的优惠活动，可以不断让顾客添加你的微信，变成你的社群成员，再通过你的社群经营机制稳固粉丝，最终使他们变成你的忠实客户。

第四步：办理会员卡，巧妙设计会员制度。

茶饮店有多少个会员就代表有多少个铁杆的"老客户"。所以，会员越多，门店的抗风险能力越强，资金回笼越快，盈利能力越强！

6. 怎么设置会员制度，更有利于顾客办理会员卡呢

下面是几种常见的会员制度。

（1）会员卡打折

比如充 200 元办银卡可以打 9 折，充 299 元办金卡打 8 折。为什么把银卡设置成 200 元而不是 199 元？这是为了衬托出办金卡更划算，都是 200 多元的价位，办张金卡也只多出 99 元，折扣力度还大很多，为什么不办金卡呢？当然了，具体金额设置，你可以根据实际情况合理确定。

这种方式的优点是：顾客每一次到店消费都能体验到成为会员的优越感，并且，收款小票上还会出现"原价多少，会员价多少，优惠了多少"，一次次提醒顾客办理会员卡的实惠，充分体现会员的优越感，这种优越感一旦形成了习惯后，顾客就会不断地续充。

（2）会员充值送

比如充 200 元送 20 元，充 300 元送 50 元，其实也是变相的打折。

这种方法有些茶饮店也常用，但是实际效果却并不明显，因为茶饮店的单价比较低，顾客充值之后，是原价消费，然后卡内余额扣除，顾客对优惠刺激感受不强烈，个人感觉这种方式更适合面包店、西餐厅、咖啡馆这类客单价较高的餐饮店。

这种方式的弊端就是充卡的时候会就让顾客"开心"一下，后面消费的时候，还是原价扣款，顾客没有明显感受到优惠，满足不了顾客占便宜的心理，无法后续持续体现出会员的优越感。

（3）9.9 元买会员，享受会员价

这个也是很实用的一个会员锁客方法。把菜单上的所有产品除了标注

正常价格，还标注会员价，一般茶饮店会员价都比正常价格少 1～2 元，这样顾客就能清晰知道会员的优惠力度，你可不要小看这优惠的一两元，这对一个平价茶饮店来说，已经算是不小的优惠了。然后要想享有这些优惠，只需要 9.9 元即可加入会员，享有会员价！

或许你会说，9.9 元享有会员价，这会员门槛是不是太低了。确实如此，9.9 元的会员资格，确实门槛低，但是正是因为门槛低，所以才能办理更多的会员，起到锁客的目的。

别担心会赔本，你可以算一下，9.9 元是购买会员资格，这是一个加入会员身份的门槛，如果顾客愿意出钱购买，那说明他们对门店和产品是认可的，另外，每一杯产品优惠 1 元，他要想把这 9.9 元"喝回来"，起码也要来店消费 10 次！来店里复购 10 次，这得是多么忠诚的顾客啊。

当然，具体设置多少钱购买会员资格，以及每个产品的优惠力度，要依据各自门店的产品定价而灵活设计。

（4）倍数充值免单

这个方法操作也很简单，就是根据顾客当天的消费金额决定充值金额。你可以设置一个充值倍数，比如 3 倍或是 5 倍充值立免此单。比如顾客消费一杯奶茶 15 元，只需要充值 75 元，就可以免单"吃霸王餐"。

这种方法就是很好地利用了顾客爱"占便宜"的心理。如果想持续锁客，以后每一次消费都体现出会员的优越感，也可以结合上面的第一种方法，充值后享受一个会员折扣，比如充值 200 元，以后都可以享受 9 折。

7. 茶饮店会员制度设计的几个注意事项

快速回笼资金是表象，持续锁客才是建立会员制真正的意义所在。

任何一种会员制度设定前，都要搞懂会员充值的本质是什么。只有结合了回笼资金和持续锁客的制度，才能真的有利于店铺发展。

（1）开卡和续卡金额不宜太高

第一次充值不要一味想着快速回笼资金，顾客面对一家新店，一切都还不熟悉，没有足够的信任，顾客愿不愿意二次消费都是一个问题，还谈什么充值？

一定要根据客单价去合理设置充值金额，充值金额太高，会把人拒之门外。续卡金额最好要低于第一次充卡金额，这才能起到持续锁客的目的。比如，对于平价茶饮店来说，一般设计100元的开卡金额即可，续卡金额50元就可以。开卡金额越低，越容易吸引顾客充值办卡，续充金额越低，越容易实现顾客续卡，这样就能吸引更多人办卡充值，起到持续锁客的目的。

（2）培养会员的优越感

会员制度最好在每一次消费时都能体现出会员的优越感。比如，每一单都比别人便宜，每个月都有会员日等，同时店员在出完小票后，可以刻意地提醒会员这一单原价多少，会员优惠了多少。这种提醒很重要，要一次次地让会员有优越感，你如果持续这样做，还可以带动旁边其他顾客充值开卡。

（3）配置专业的会员系统

很多专业的收银系统都带有完整的会员系统，里面有很多针对会员管理的方法，最关键的是，会员系统还能帮我们备注会员的消费信息，比如会员生日信息、会员的消费喜好、到店消费频次等，这些数据都有助于我们持续改善对会员的服务。

（4）别出心裁的会员日设计

一般门店都是在传统的会员日提供某款特价的饮品，或是加大一些优惠力度。这些方式虽然很直接有效，但是缺乏新意。

这里我提供一个有新意的会员日的活动设计，有条件的茶饮店可以参考使用。比如，把每个月的会员日变成交友日或是英语角，或是集体生日会等，布置一下场景，把茶饮店也当作一种生活方式，打造精致有趣的社群生活，让茶饮店实现社交属性。

（5）会员的裂变拉新机制

你可以效仿瑞幸咖啡的会员分享拉新模式，借助会员小程序里的会员拉新功能，可以迅速裂变、不断扩散，吸纳更多会员，比如转发优惠活动就可以获得 1 杯奶茶，分享当季新品就可以获得积分等。

如果说茶饮店行业内卷严重，那么私域流量的建设就是茶饮店行业角力的终极战场，谁的私域流量建设得完善，谁就能在这场竞争中获得更多的生存机会。

茶饮店
就该
这样干

第七章

茶饮店加盟水深坑多，
小心快招割韭菜

在国内想开茶饮店，尤其是想加盟茶饮店品牌，我们常遇到快招公司。可以说，快招公司无处不在，甚至是防不胜防。

什么是快招公司？其实并没有准确定义，也很难界定哪些算是快招公司，哪些又是正规的加盟品牌，对于需要具体问题具体分析。仅按照字面理解，快招公司是指：本身不具备连锁复制的条件或是能力，而是通过快速招商加盟的手段完成品牌扩张，实现业绩收益的项目公司！由于这类公司本身并不具备连锁复制的条件或能力，如果加盟这样的项目风险极高，成败全靠运气！这样的项目公司有些规模很大，旗下有多个品牌项目，有些专注于一个品牌项目；有些项目公司之间互为对手，是竞争关系，而有些项目公司之间则是合作关系。

在本章，我将把我知道的一些快招套路逐一拆解，希望能让你加强防范。

一、明明是她，结果是他 / 它，套路、套路，都是套路

`案例 1`

小刘做了近 8 年的女装，因为和合伙人意见不合，加上近几年电商的冲击，女装生意越来越差，于是她关掉了自己的服装店，回到浙江的老家，寻找新的商业机会，偶然的一次在喜茶约见朋友的经历，让她看上了奶茶生意。"当时就觉得一杯奶茶能卖 30 元钱，这么高的利润，而且看着操作也挺简单，就想自己开一家……"

刚好在手机上看到"喜茶"在招加盟商的信息，于是就留言咨询，结果，"喜茶"的招商经理第二天就回电话详细问了小刘的投资情况。

招商经理："您好，刘女士，我是喜茶品牌的招商经理。请问您是在哪里看到我们的加盟信息的呀？"

小刘："我就是前两天在手机刷视频的时候看到的。"

招商经理："是的，我们近期在浙江做品牌推广，所以您会看到我们的品牌信息，今年我们会在浙江地区开设 100 家店，现在还有少量名额，请问您要在哪里开店呢？目前有店面了吗？预计的投资金额是多少？"

（以上话术是招商经理的惯用开场白，先明确客户的身份信息以及信息来源，方便进一步甄别客户，另外也顺带表明自己的官方身份，抛出几个关键信息的提问，进一步试探客户的加盟意向，如果你告诉他们，已经找好了店面，并且还准备了足够的资金，他们会把你列为准客户级别，积极跟进。）

小刘："我想问下你们喜茶在浙江这边有多少家店了，是怎么加盟的？"

招商经理："是这样，目前我们喜茶在浙江的杭州、宁波、义乌、金华这些城市都已经开店了，不过这些都是我们的直营店，每家店投资都在 200 万元以上。"

（这时，招商经理还会专业地解答喜茶相关的信息，并且能够把茶饮市场分析得头头是道，处处显得专业，同时也会展示喜茶大品牌的优越感）

小刘："投资额这么高啊！"

招商经理："当然了，我们用的设备全部是进口的设备，并且喜茶的品牌价值你是知道的。"

（到这里，或许你已经看懂了，小刘却依然被蒙在鼓里，这位招商经理就是想展示专业性，同时又让你合理地知难而退，选择其他的品牌，这叫招商话术里的"欲擒故纵"。）

小刘："那怎么办，真的很想开一家茶饮店。"

招商经理："这样，刘女士，我们在浙江还有其他茶饮店项目，同样也是喜茶的团队打造的，已经在开始全国招商业务了，目前在杭州、南京、苏州，都已经开了连锁店，也是很不错的。喜茶尽管做得很不错，但是投资额也非常高，目前主要是做直营店的，您想加盟也加盟不了，我建议您可以选择我们这个新品牌，同样的管理团队，无论是装修风格还是产品都不会比喜茶差的，稍后我发您资料看看。"

（果然最后露出了狐狸尾巴，聊了半天，跟客户熟络了，招商经理才告诉客户，喜茶是做直营的，不放加盟，这时客户已经有了信任感，再推送自己公司的品牌，最终客户很可能会欣然接受。）

经过这次接触，尽管小刘半信半疑，但是交流还算愉快，与招商经理加了微信，也收到了招商经理的资料，接下来就是招商经理时不时地"嘘寒问暖"，以及朋友圈发布全国各地的签约信息了。直到有一天，招商经理邀请小刘来杭州总部参观考察，经过一轮产品品鉴和招商经理的当面讲解，小刘决定就做这个品牌，她早已经忘记了当初她想开的是喜茶，她后来做了这个品牌的城市代理，代理费和门店投资一共花了 220 万元。

最终结局如何，估计你也想到了。

但是我想问的是，小刘开头不是想开一家喜茶吗？

案例2

离开事业单位的王姐是江西赣州人，家庭幸福美满，老公也是一名公务员，收入稳定，孩子也大了，但是王姐却不甘心两点一线的生活，"想换个活法，原来喜欢咖啡馆，但是我们是小城市，喝咖啡的人少，于是就想开茶饮店了"。就是这么一个简单的想法，让她开始关注茶饮店行业。

有朋友建议她选择本地的一个茶饮店品牌先试试，反正投资也不大。"当时觉得，当地品牌太低端了，想着要做就做最好的"。于是她决定加盟做一家茶百道分店。那个时候，茶百道在江西正火，外卖做得好，品牌形象也大气。

王姐也是在刷手机视频的时候，刚好看到"茶百道"的招商信息，于是就留言咨询。

第二天"茶百道"的招商经理就回电话了，还操着一口不太地道的广东普通话。

招商经理："您好王姐，这里是茶百道广州品牌招商中心的，请问您咨询过我们品牌，对吗？"

王姐："是啊，但茶百道不是成都的品牌吗？怎么你们是在广州呢？"

招商经理："哦，王姐，是这样，茶百道总部的确是在成都，但是在广州也设了信息中心，因为现在广东这边发展很快，这样操作方便品牌拓展和管理，赣州距离广东这边近，也是属于广州这边公司负责的。对了，王姐，您是通过什么途径了解我们的啊？我把茶百道的招商政策跟您说下吧。"

（招商经理就这样轻松化解掉了王姐的疑虑，并且还详细介绍了茶百道的加盟信息、发展情况还有茶饮店行业目前几个品牌的竞争情况，乍一听，分析得还挺专业。）

随后的几天，王姐就跟这个招商经理不断地互动，招商经理的朋友圈里也的确都是些茶百道的信息，怎么看都不像能有啥问题。

于是，王姐决定南下广州一探究竟。

到了广州，王姐就被这个招商经理安排的商务车接到了位于黄埔区的商务大楼。在那里，完全看不到任何茶百道相关的信息，看到的是各个餐饮项目的展厅，还有不少外地过来的培训学员。

王姐："这里到底跟茶百道什么关系啊？"

或许你也有跟王姐一样的疑问吧？

还是这个招商经理解释得到位：

"我们这里就是茶百道的招商信息代运营公司，负责他们的加盟代招商业务，茶百道的情况也给您介绍了很多，您觉得可以，我们可以帮您对接茶百道公司。另外，我们公司孵化了很多不错的优质餐饮小项目，也很优质，每天都有全国各地的很多学员过来，我带你参观介绍下吧。"

既来之则安之，王姐就参观了这些项目。

但是，看了这么多眼花缭乱的项目，加上诱人的扶持政策，再反过来看看加盟茶百道的苛刻条件，王姐果断放弃加盟茶百道，选了这家公司的一个项目，也做了当地的代理，总投资 50 万元。

王姐的结局，比上面的小刘好一些，没有花那么多钱，不过生意半死不活的。

同样，刚开始，王姐不是想加盟茶百道吗？

案例3 --

福建的陈小姐，家境富裕，家族在福清有大型的家具厂，平日里衣食无忧，父亲找朋友给她介绍了好几份工作，她都觉得枯燥，"天天在办公室里看天花板，太无聊了，还不如跟姐妹们泡泡咖啡馆，喝喝茶。"

没错，陈小姐就是喜欢和闺蜜们泡泡咖啡馆、喝喝茶，并且还真有朋友开了家小咖啡馆，陈小姐也很喜欢，但是思来想去，还是想开一家茶饮店——那种有情调、有特色的茶饮店，于是陈小姐想到了长沙大名鼎鼎的茶颜悦色，这种设计感强又有国风色彩的品牌，哪个年轻女性不喜欢呢？

于是她在小红书上一个名为"茶颜悦色官方"的帖子下方留了言，果然很快就收到了私信。

"当时我还挺高兴，心想这么快就有茶颜悦色的人回复""我知道茶颜悦色不加盟，但是心想或许如果条件合适，他们应该能条件放宽，没准能加盟上呢……"

陈小姐通过和对方的简单交流互留了微信和联系电话，接下来的沟通还真的正合陈小姐心意。

招商经理："您好，陈总，我们这个品牌是茶颜悦色的姐妹品牌，我们老板也是茶颜悦色的股东，我们的运营团队也是从茶颜悦色出来的，所以您放心，我们的装修风格、产品，以及品牌力都不会比茶颜悦色差的，而且您也知道茶颜悦色目前只是在湖南长沙开店，外地也不开店，我建议您可以考察下我们，和茶颜悦色对比下。我把我们的资料发过去，还有我们老板跟茶颜悦色老板的合影，还有产品图片。"

（招商经理说的面面俱到，资料齐全，交流诚恳，而且还有图有真相的样子。）

陈小姐原本就对能否加盟茶颜悦色半信半疑，现在果然验证了她的观点：茶颜悦色不加盟。她一看人家这个品牌，还投资过茶颜悦色，一看品牌介绍里的产品竟然和茶颜悦色不差分毫，甚至有些产品比茶颜悦色还诱人，还有装修风格更是如出一辙，国风气息十足，这正是她想要的茶饮店的样子。

于是，陈小姐决定去南京，考察下这个品牌。在去完南京见过这家高大上的品牌公司，并且参观过他们的样板店之后，陈小姐就决定开这个品牌的加盟店了。

后面的事情估计你也猜到了，陈小姐投资了80多万元，开了一家茶饮店，前三个月靠着顾客新鲜感和连续的促销活动，人气还不错，但是之后就每况愈下，最后坚持到了冬天，这家店开始对外转让了。

陈小姐一开始不是说好想开家茶颜悦色的吗？

快招公司割韭菜的套路可远远不止以上那些，他们的套路可是多种多样。下面，我就拆解一些快招公司的常规套路，有些方法和手段，估计你连想都想不到。

二、细数快招公司割韭菜的套路，总有一条让你进坑

1. 搜索网站关键词竞价推广

这些快招公司深知客户从哪里来，它们经常是在百度、搜狗、360等

搜索网站，通过关键词的竞价排名来获得客户信息，然后通过电销人员、招商人员的沟通话术来转化客户。

互联网上面的竞价推广费用惊人，我了解过北京的一家项目公司，它们曾经每个月都要给搜索网站支付高达 70 多万元的关键词竞价费用。

什么是关键词的竞价推广呢？

就是搜索网站根据网络用户的搜索习惯，用大数据分析筛选出来一些关键词，由一些公司或个人竞价付费购买这些关键词搜索结果中的排名位置。比如想开茶饮店的人会在搜索平台搜索"奶茶创业""怎么开茶饮店""茶饮店品牌哪家好"等关键词，甚至会搜"怎么加盟蜜雪冰城""开家古茗奶茶怎么样"等，这时平台弹出来的内容就会包含这些快招公司的信息和链接，你一点开这些网站，就能看到他们的推广网站或是广告。这些广告有很强的诱导信息，吸引你留言咨询，一旦你留言咨询了，那么就会被他们盯上，接下来就是各种短信、微信、电话的话术沟通了。

我们很容易轻信网络，但是网络上的信息不一定都是真的。

比如你在网上搜"一点点奶茶怎么样"，首先出现的是什么？是一点点奶茶的官方网站吗？大概率不是！很多都是快招公司的广告，甚至有些快招公司直接盗用一点点的相关图片，明目张胆地制作网站，来吸引你的关注，看上去是真的，但是你一旦留言之后，跟你沟通的可不是一点点奶茶的官方人员，而是挂羊头卖狗肉的快招品牌！

2. 短视频平台造势推广

5G 时代的到来，短视频的兴起，让人们的上网习惯发生了很大的变化，百度、360 等传统的搜索平台已经不再是一家独大，这促使快招公司从原来的信息流投放转向视频流的投放，用短视频的方式招商加盟变成新一代快招公司的主战场！

拍段子、做 IP、探店造势、请人排队，变成了快招公司新的推广手段。这催生了一大批网红店，看着特别火，你会觉得它们生意特别好，否则怎么那么多人去排队呢？

所以，投资创业，千万不要过度迷恋那些网红店。打造网红店，对于有些人或团队来说并不难，短视频上的那些加盟项目，营销越强劲，内心越虚弱！

3. 点评网站种草

点评网站的用户虽然没有短视频平台的客户多，但是其对品牌的包装塑造能力却不能小看，它们是这些品牌最好的种草阵地！

所谓的种草，意思就是在顾客心中留下印象。很多客户会在点评网站上搜索品牌信息，看看品牌的美誉度、市场反馈情况。所以快招公司就抓住了这一点，它们邀请自媒体达人在这些平台大量留下美图美文，极尽溢美之词，让你对品牌项目留下好印象。这其实是配合短视频平台的内容，为以后项目的招商转化埋下伏笔。

4. 外卖平台刷单推广

外卖平台也是快招项目公司投放广告的主战场之一。如果某个品牌外卖数据非常好，有很多万单店，会不会让你觉得这个品牌很厉害？会不会让你特别想加盟？但是你要知道，有些万单店可能是靠刷单、靠砸钱推广出来的。有专门的外卖代运营公司通过漂亮的外卖数据来包装品牌，最终目的还是为了吸引人们加盟！

品牌项目，做好外卖当然重要，这是给加盟商多一条生财渠道，但是如果做外卖，不是靠正当的技术手段，而是纯靠钱砸出来形式上的订单量，又有什么意义呢？加盟店又不可能投入那么大资金去做大订单量，也没有那么强的技术团队来操作。

所以，想开茶饮店、选项目，不能光看品牌方的万单店数据，也要去实际体验下加盟店的外卖，有机会要多问问这些加盟店老板，总部到底给了哪些支持，这些普通加盟店的外卖数据才有可能是你未来的样子。

5. 线下门店请人排队造势

你是不是会有这样的疑问，为什么每个网红店都排队？真的有这么神奇吗？不就是一杯奶茶嘛，至于排两三个小时，甚至七八个小时去喝吗？

我曾经为了体验这种排队喝奶茶的盛况，真的去排队了！整整三个小时，实在没坚持下来，因为还要再排两个小时！

为什么有人会去排队喝奶茶？

有的人说是因为奶茶的社交属性，在排队的过程中，年轻人聊聊八卦，拍个照片，发发朋友圈，满足下虚荣心，标榜下个性，这种人的确有，学生、年轻人居多。但也有一些是店家请来的托儿，这些人少则每人50元，干4个小时，多则每人每天200元，有很多"排队公司"专门干这个。基本上10人一组起步，可以分时段来排队，也可以车轮战来排队。

利用顾客的羊群效应、从众心理，是"排队公司"和快招公司联手上演的好戏。

这种手段用于加盟造势，就变成了割韭菜的镰刀！

6. 线上沟通邀约套路多

电话销售，简称电销，是快招公司里的关键部门之一，他们负责做来自各个渠道的信息转化。

他们分为首次的电话沟通，以及接下来的线上客户关系维护。

电话沟通的目的就是通过答疑解惑的方式，来建立客户好感，留下客户联系方式，顺便摸清客户的需求、投资意愿以及投资实力，为进一步筛选出准客户做过滤准备。

电话销售的沟通，基本都有一套成型的话术，每个电销员都要经过严格的培训，基本内容包括客户答疑、建立信任、展示专业、促进成交。

电销建立信任之后，接下来就进入线上客户的维护阶段了。

在线发品牌资料、继续为客户答疑，这是必备的，而他们同时在朋友圈里不断爆出门店生意火爆的信息以及各地来访加盟成交的信息，则是在不断暗示你：赶紧加盟，机不可失、失不再来。

但是你要知道，客户成交信息也是有可能做假的。

有的快招公司会请自己人假扮客户，再伪造签约书，合影发朋友圈，制造加盟火爆的假象；更有甚者，会伪造客户沟通记录，你以为是招商经理和客户的沟通信息，其实都是他们自导自演的闹剧。

再多的线上沟通，都比不过眼见为实，这种眼见为实，不是你到它们总部考察，而是多跑几家它们的加盟店，看看加盟店的经营情况，它们的经营结果，是最好的答案！

7. 到访接洽水更深

大部分客户都是要先到总部考察，才最终签约成交的，而一旦你到了这些总部，基本上很难有机会逃离他们的诱惑！这些快招公司在总部早已经布下了天罗地网，只等你上门！

（1）从邀约到访开始

在你到总部考察前，电销人员就会跟你确定到达的时间及地点、车次，方便他们接送，同时还有一句重要的"摸底话术"："王总，您这次可以来我们总部好好考察下，看下是不是像我跟您说的一样。另外，我也可以请我们的资深专家老师跟您好好分析下行业趋势，让您更放心投资。成了最好，不成也没关系，相信您都会收获很大的，当然我也希望这次考察您能找到属于您自己的创业项目。"

一段简单的话术，内涵信息很多：既打消了客户的考察顾虑，同时表达了诚恳邀约，最关键的是暗示客户这次要坚定信心、确定加盟意向。

还有一点，你可不要小看接送你的司机师傅。他们也可能受过训练，也是快招公司的"镰刀手"。

你可能会喜欢跟司机师傅打听公司内幕、小道消息，而司机师傅刚好就喜欢跟你聊聊公司的辉煌历史，跟你攀个老乡关系，无形之中透露出对公司的溢美之词，甚至会在无意中告诉你："我表姐就在老家开了这个加盟店，年底就换了新车。"看似无意的闲聊，最后都变成了对你的心理暗示："放心加盟吧，没事儿的，老乡不骗老乡。"

（2）公司做局，瓮中捉鳖

高大上的写字楼，专业的公司形象，大理石的前台，职业形象的公司白领职员，各种各样的获奖证书，明星大咖合影，专业的培训教室……处处都体现了一个专业的公司形象！

而实际上，你在观察公司，公司也在暗中观察着你。

我听在某大型快招公司工作的朋友讲过一个事情。他们会在谈判室里安装摄像头，偷偷观察客户的一举一动，并且设计套路，了解客户的内在心理。比如客户经理在把客户领进谈判室后，会有一个简单交流，在把公司的情况、项目的情况介绍完毕后，他会找个借口离开几分钟——"您先坐下，我去看看我们王总在不在，稍后我请他再跟您详细交流下"。你以为他离开了，而实际上他们在监控室正看着你的反应呢。你对他们这个项目哪里有疑虑，下一步会去考察哪个竞争对手，最担心什么，你与同行的朋友说的悄悄话，这些项目公司都会在暗中听到、看到！然后，负责招商的王总会走进谈判室，亮出明晃晃的"大刀"，句句切中要害！而你还会佩服得五体投地："对啊，王总，我就是这么想的，您说得太对了。"

这个方法当然没必要对每个客户都用，因为绝大多数客户都在来到公司的那一刻，就已经被公司的专业形象所折服了，但是在遇到双方有争执，或是客户有迟疑的时候，这个方法简直就是撒手锏，知己知彼，百战不殆。这一招已经被快招公司的招商经理用得炉火纯青。

另外，在整个谈判过程中，为了防止客户会去其他竞争对手公司考察对比，它们会摸清楚客户的此次考察的行程，尽量都把客户的时间消耗在自己的品牌上，防止客户去竞争对手处考察，增加成交的难度和不确定性，所以在必要的时候，客户经理陪吃、陪喝、陪逛都有可能，目的就是让你"多考察我，别去其他家了"。

（3）华丽的出品，大饱眼福

记得我陪朋友去暗访过一家茶饮店快招公司，招商总监接待我们的时候，让两个茶饮师傅抬着整张桌子来让我们品鉴！那真是眼花缭乱，各种好喝、好看的饮品，旁边还放了干冰，开水一倒，瞬间烟雾缭绕，这阵仗，一下就把我带去的同行伙伴给震惊到了。接下来一杯一杯地尝完，舌头早就麻木了，也早就忘记了想问些什么，就知道说"太好看了，太好喝了，这没见过，那没喝过……"

好的出品能力，绝对是拿下加盟商的最好方式，因为看得见、摸得着，客户感觉真实。但是，你忽略了几个问题：这些产品能否落地到你的门店？你那里的消费者能否接受这些产品？这些产品的供应链如何解决？成本如何？你可能一下想不到这些问题，而这些才是关键！

我在一个一线城市有过的一次快招公司探访经历，更是令人大跌眼镜！客户去考察一个做披萨的品牌，交流得很顺利，客户提出要品尝下产品味道，但是刚好赶上公司停电，无法出品，招商经理很担心丢失客户，"这煮熟的鸭子不能飞了啊"。这时还是招商总监沉着冷静，一边安排人拖住客户，一边安排人紧急去最近的必胜客打包披萨回来！你没看错，是安排人从必胜客打包披萨回来。于是客户就在这个快招公司吃到了必胜客的外卖披萨，品尝完披萨，客户还说呢"你们这披萨，味道真不错，不比必胜客的差啊"，于是果断签约。加盟之后的结果，可想而知了。

类似的事件在另一家快招公司也曾发生，他们用最好的原料制作产品，颜值在线、口感一流，客户十分满意，但是用发货到当地的原材料，按照公司配方制作出来的产品，完全不是一个味道。私下打听才知道，原来公司品尝的产品是优质原料制作的，而发货到门店的是普通原料。

"你们为什么不发好的原材料给我啊？"

"王总，好原材料成本高啊，毛利率不达标你可别怪我啊！"

你看，总部总有各种理由！

总部的产品好喝，除了原料好、茶饮师技术高超，还有一个就是工艺流程复杂！总部研发的产品，很多不是用来卖给你的顾客的，而是用来征服你的，所以，他们的产品原料好、用料足，并且工艺复杂，比如那些分层次的饮料，看着好看，但是要用好几样原料，并且一层一层地小心制作才能做出效果，而你的门店要应对快速流转的顾客，顾客根本没时间等你"绣花一样"地出品，而且这样的产品，对制作人员的培训周期很长，你手底下没有几个熟手根本做不出来！

这就是快招公司的出品，中看不中用，因为他们没有直营店，或是直营店很少，他们的产品没有得到广泛印证，没有足够的消费反馈数据做支撑，所以，他们的产品大多无法征服顾客，但是他们很擅长研究加盟商客户的心理，清楚他们来公司考察什么，他们不可能出品一些简单的产品，而一个好的产品体系应该包含流量产品、招牌产品、盈利型产品及常规型产品。这些快招公司正是利用加盟商客户不懂专业，也利用了加盟商客户的信任，做一些表面文章，才蒙混过关的！

（4）守株待兔，才出虎穴，又进狼窝

这个案例也是我的亲身经历，我陪朋友考察项目，先去了 A 公司，参观考察了一圈，跟招商经理也聊了半天，相谈甚欢，相互留了联系方式，然后下楼准备离开，刚走出写字楼门口，就听见前面有三个人小声聊天。

"你觉得刚才那个项目怎么样？"

"我觉得吧……"

他们交流的话题一下就吸引住了我们几个——"原来他们也是去刚那个公司看项目的"。

那几个人在聊天时，一回头发现了我们，就主动凑上来问："你们也是来这里看项目的吗？觉得怎么样？我们也是来看项目的，你们觉得这个项目靠谱么？"

我随行的伙伴一看都是来看项目，就过去跟他们攀谈了一阵子，还挺巧，他们其中一个还是我这个伙伴的老乡，真是老乡见老乡，备感亲切！

聊着聊着，他们其中一个话锋一转，问我们还看了别的项目没有？我们说"没有，就看了这一个"。他们就说，他们还看了一个项目，感觉那个项目比这个靠谱多了，而且投资又少，回本又快，问我们想不想跟他们一起再去考察考察。

他们这么一说，我瞬间反应过来了——这是刚离虎穴又要进狼窝啊。我赶紧就拉着朋友离开了。在回来的路上，朋友还纳闷："为啥不跟这个老乡去看看项目呢？"

我直接告诉他们："你们别傻了，他们也是快招公司的人。"后来这个公司的招商经理在联系我们的时候，我们把这个情况讲给他们听，他们果然说这楼下的三个人是其他公司的业务员，他们专门在公司楼下等待客户上门，从中捡漏，"都已经警告过他们好多次了"。

这种人往往来自资金实力普通的小公司，没有那么多营销推广费用，于是就蹲在大公司门口，专拣漏网之鱼。

以上这些就是我经历或是我了解到的一些快招公司的手段，有些情节尽管经过加工修饰，但是真实的快招手段远比这些精彩得多。

创业是为了改变我们的命运，但是创业过程本身绝不是简单的事情，无论你选择成熟的连锁品牌，还是自创品牌开店，都绝非易事，任何时候都保持头脑清醒，做事情踏实，认真做好产品，认真对待好每个顾客，认真带好自己的团队才是对"创业"最大的尊重！快招就是利用了人们想图省事、想暴富、想投机取巧的心理，要想不被快招公司割韭菜，那就一定要擦亮自己的双眼！

三、如何快速识别快招项目，避免被割韭菜

快招公司的各种手段虽然"高明"，但是也并不是无懈可击，只要你创业心态保持端正，时刻保持头脑清醒，还是很容易识别这些快招手段的，下面就分享几个注意事项。

第一，端正心态

所有快招项目公司在本质上都是通过编织一个美好的假象来满足你的虚荣心。很多选择快招项目的人都是心怀侥幸心理，因为"书上说了"：师傅领进门，修行在个人。加盟项目能否成功，一半在总部，一半在个人。他们相信，哪怕公司有问题，通过他们个人的努力，也是可以成功的，何况加盟项目创业，哪有不冒风险的。

"韭菜们"还有一种心理是，看不上本地品牌，相信"外来的和尚会念经"。其实，加盟本地品牌是最安全的一种投资行为，但是很多人都自以为很了解本地品牌，他们看到过本地品牌从无到有的过程，他们接受不了本地品牌原来一无所有，现在有点名气了，还要收他们的加盟费。并且有很多要求。于是他们远赴一线大城市找项目，而这些大城市的快招公司早就看到了这一点，早就做好了局等着他们。他们想花钱买个冠冕堂皇的大城市品牌，以为这样更容易得到家乡人的认可，但是，最终残酷的市场会给出答案。

第二，合法合规

很多加盟项目，连起码的法律要求都不符合，比如连锁加盟的几个必要条件是：有注册商标；在商务部有备案；有两家及以上直营店，经营不少于1年。而这些条件，你是很容易考察到的。如果快招项目不具备这些硬性的连锁加盟条件，那么肯定就存在加盟的风险，品牌方如果以各种理

由逃避出示这些条件，那么起码说明他们不敢承担相应的授权风险。

第三，直营店要考察，加盟店更要考察

有些快招品牌甚至都没有加盟店，直接在办公室里做一个样板间，就对外招商加盟了。一个品牌没有直营店，或是直营店很少，这说明什么？说明他们自己的门店管理经验是缺乏的，他们自己都不知道如何经营好一家店，又如何指导你经营加盟店呢？又何谈异地连锁标准化复制呢？所以，直营店的经营水平最能代表品牌方的经营水准和连锁复制能力！

另外，你必须要考察若干个加盟店！毕竟品牌方把自己的直营店管理好，这是天经地义的事，并且总部有树立样板店的需求，同时也有这个实力。但是加盟店的经营状况更能说明问题，那些加盟店的经营结果，才是你未来可能的样子。那么怎么知道这些加盟商的联系方式？很简单，通过抖音、大众点评或是外卖平台可以轻松获得加盟商的联系方式，当然也可以直接到门店去蹲点，这种交流考察最直接，加盟这个品牌的利弊，这些加盟店的老板能给你最直接的答案！

第四，总部越花哨，招商手段越渣

所有的快招公司总部，在装修布置上都是极尽华丽之能事，以渲染总部实力，诱导客户迅速成交！

在总部能看到众多销售标语、鼓励员工销售项目创业绩的大概率就是快招公司，因为正常的餐饮公司都是想着怎么通过运营好门店提升业绩，而不是通过加盟项目提升业绩。

一个优秀的餐饮品牌公司，应该是重运营、重研发、重培训的，而不是重招商的。如果品牌总部能看到几十人甚至上百人的电话销售或是招商业务员，那这样的公司大概率就是快招公司。一般正规的餐饮品牌公司总部真的没那么多人，因为这些公司的业务都是以运营、培训、督导为主，员工都在各自区域的门店忙碌，在总部的就是日常的统筹管理还有后勤办公人员。

另外，如果在总部能看到多个品牌项目的样板间，比如十几个甚至几十个项目，这样的所谓品牌总部，基本都是快招公司，因为一个够专业的餐饮连锁公司，不可能有太多项目同时操作。

第五，部门考察接触

很多人到了品牌总部，就会听到招商经理云山雾罩的介绍，在公司走马观花地参观一下，看一遍企业宣传片，品尝下品牌的产品，再看看品牌画册，然后就可能签了合同。从头到尾，他们就接触了一个品牌方市场部门的人，而对于加盟连锁店的老板来说，未来给他们提供服务的品牌方人员可不是他们！所以，营运部门、培训部门、物流采购部门、设计部门，能参观的都要参观下，能接触的都要接触下，能聊几句的都要聊几句，因为他们才是你的门店未来经营的保障！

一般来讲，一个优秀的连锁品牌，运营和培训部门一定是最主要的，它们也是连锁门店运营的保障，而如果你在一个公司看见到处都是市场招商部门的宣传口号，或是销售业绩目标，那么你要小心，他们每一句销售口号、每一个业绩指标，都是架在你脖子上的镰刀！而如果营销推广部门或是电销部门庞大，则说明他们是在推广品牌，而不是推广你的门店，这些部门主要是服务于总部的业务，而不是你的加盟店！

第六，再好的项目也不要急于交钱，冷静三天，你会看到更多真相

一定要记住，所有的快招公司，或是以销售为主的公司，都会用各种方式诱惑你尽快签约！能全款，绝不会分期，实在不行，也要先收定金，这样他们才会踏实！

所以，你千万不要相信："只剩下最后一个名额，再不交钱就没了""只剩最后一天优惠时间了，再不交钱就晚了""你们那个城市，已经有其他人交了定金，占了名额，你再不抓紧就没机会了"。这些统统是套路！

只有烂品牌，才会急着让客户签约；好品牌，都希望让客户慎重考虑清楚！

所以，哪怕再好的项目，也不要急于做决定，更不要急于交钱，冷静三天，你能看到很多真相！如果你提出先不交钱之后，招商经理、招商总监来轮番游说，那说明他们心中有鬼，这明显就是个快招品牌，风险很高！如果在这三天里，招商经理不断催促交款签约，那么这也很明显就是快招品牌，风险很高！

不要小看这三天，你考验了品牌方的耐心和态度，也给自己一个冷静反思的时间，去好好思考一下这个项目到底适不适合自己。

第七，看清合同条款，保留沟通证据

不要轻易相信招商经理说的"都是制式合同，内容都是一样的"，很多小型的招商公司，或是初创的品牌，合同都是问题百出。比如，不具备正规加盟资质的品牌是不允许签署"品牌加盟合同"的，所以，他们会让你签署"品牌合作协议"或是"品牌培训协议"之类的合同，不谈"加盟"字眼，改谈"合作"，这是不正规的品牌的惯用伎俩。

合同条款要逐条看清，也要逐一问清楚，并且尽量保留沟通的证据，包含日常微信、短信等沟通记录，最好都保留一段时间，以防未来产生纠纷。

另外一点就是，这类快招公司遍布各个城市，尤其是以发达城市、省会城市居多，在去到这些城市考察项目的时候，你要格外小心。

最后要提醒的一点是，快招公司的手段也在不断升级，远远不只我上面说的这些，唯有自己对自己负责、小心谨慎才是关键。

茶饮店
就该
这样干

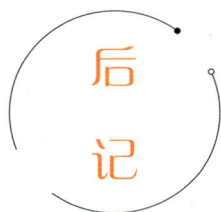

后记

新时代、新茶饮、新未来

本书写到这里已接近尾声，终于完成了我自己的一个心愿，我很高兴！

真心希望这本书能给你带来一些启发，书里的很多内容都是我的真实经历，但是毕竟是通过文字的形式来展现，很难表达得很详细，但是作为一本茶饮创业的入门读物还是有一定价值的。

在这本书的最后，我想说说我对茶饮店行业未来的看法，以及我对茶饮店行业未来趋势的判断。

先来说说我这两年体会最深的两个观点："国产消费品牌崛起"和"一代品牌服务一代人"。

先来说第一个：国产消费品牌崛起。

首先就是中国经济正在崛起，中国文化更自信了。你看大街上越来越多的国产汽车，更多人选择了华为、小米、OPPO等国产手机，甚至大街上还时不时地出现穿着汉服的人，这说明我们越来越有文化自信了。

餐饮行业更是如此，中餐越来越发达，店面装修越来越讲究，标准化程度越来越高。

饮品圈也是如此，茶饮店越来越火，诞生了喜茶、奈雪、茶颜悦色、古茗、蜜雪冰城等优秀的茶饮店品牌。

为什么会这样？原因就是文化自信带来的国产消费品牌的脱颖而出，这是大趋势，谁能抓住这个趋势，找到全新的表达方式，谁就有机会成为这个品类的代表，而一旦你成为某个品类的代表，就有机会享受最高规格的流量扶持，也就是得到行业关注度，甚至是社会关注度！

在未来，茶饮店领域依然会延续这个趋势，并且随着奈雪的茶的上市，会有越来越多的中国茶饮店在品牌陆续上市，走出国门、走向世界。到那个时候，中国的茶饮店会真的和以星巴克为代表的咖啡馆平起平坐。

下面再来说说"一代品牌服务一代人"，这也是我最近一年的深刻感悟。

这一年我看到海底捞关了不少店，看到连锁品牌吉野家、呷哺呷哺火锅也开始关店转型，看到星巴克没有了往日人满为患的景象，也看到麦当劳、肯德基没有了前些年那样排着长队的情形，甚至我还看到了，我最新喜欢和羡慕的茶饮店品牌茶颜悦色，也在 2021 年底一口气关掉了 80 几家店！这当中当然有市场的原因，尤其是这两年大家都知道的疫情影响，但以我的分析，这不只是疫情的影响，因为这个过程中，也有不少新品牌的势头在上涨！于是我有了这样一个判断：一代品牌服务一代人。

当然这句话不是绝对的，但是我大致想表达的意思是：大多数品牌其实都有黄金周期，而这个周期的长短取决于两个方面，一个是品牌脱胎换骨式的迭代能力，另一个是品牌对消费者消费喜好的变化趋势的准确把握能力。老一辈的人喜欢说 12 年一个轮回，刚好走完 12 个生肖属相，取整的话，也可以笼统地说是 10 年一个轮回，但那是在社会发展慢的时代，上一代人和下一代人的差异没有那么明显，但是随着时代的进步，经济发展的加速，社会变化的起伏也从原来的 10 年一轮回，变成 5 年一变样，甚至变成了现在的 3 年一变样，也就是说，现在的中国，每 3 年都会经历一个较大的社会变化。回顾中国近 10 年的变化，

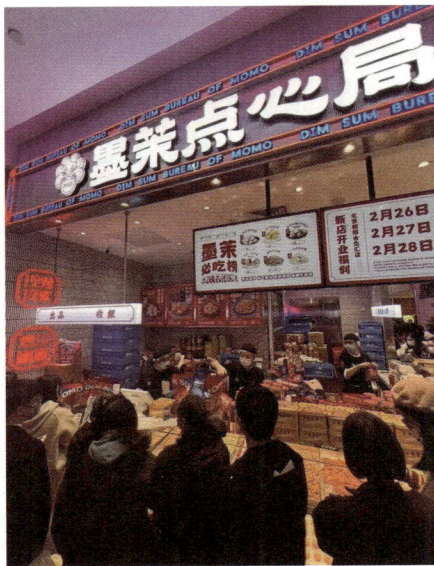

▲墨茉点心局门店图

你就会相信这句话。社会变化就是这么快，而这么快的社会变化，带来的是人和人的认知差异，以及人群之间的代沟，当然也意味着人群消费偏好的差异，这反过来倒逼着企业迅速迭代成长，以满足消费人群的差异，如果你的品牌迭代够快、够准也够及时，那么恭喜你，你还能继续发展一段时间，而3年后你必须要继续再迭代升级一次，否则你就会落伍，而一旦你持续迭代升级了10年甚至20年，你继续迭代也没用了。因为这已经不是升级迭代能解决的了，因为消费者换代了。

你会发现，那些优秀的一线品牌，通过迭代升级能满足一代人的需求，甚至能满足两代人的需求，但是大部分无法继续满足更多代人的需求，这不是说星巴克不好了、肯德基不好了，也不是说海底捞不好了，而是因为消费群体换代了，新一代的年轻人不太可能去爸爸妈妈谈恋爱时去的咖啡馆谈恋爱，更不会去爷爷奶奶们喜欢的饭馆吃饭，不是这些地方不好，是因为这些地方不属于新一代消费群体，新一代的消费群体，需要的是能表达他们这代人需求的地方。

那么知道了这些，对我们会有什么启发呢？

这意味着未来我们还有机会，虽然现在的某些品牌很强大，但他们只能代表现在，代表不了未来。无论那些品牌多强大，他们中的绝大部分都难以一直保持优势，所以，如果你能意识到这一点，你的品牌又能够面向新一代，那么你在未来就有机会。别急，你一定能等到那一天！

现在处于黄金期的品牌也不要高兴太早，服务完这一代消费者，注定会进入平稳期，甚至开始进入品牌的自然衰退期，你所有的努力只是为了续命，而难再续辉煌。你要想再创辉煌，除非拿出壮士断腕、自我革命的勇气，打碎自己、重新来过，否则，不如寻找新的契机，重新做新品牌，来满足新群体的需求。

很多人在说茶饮店行业越来越内卷。没错，最近几年，诞生了一批优秀的大连锁品牌，蜜雪冰城的门店甚至都已经超过1.5万家，而书亦烧仙草、茶百道、古茗、甜啦啦、益禾堂等品牌的门店也已经突破了5000家，而所谓的行业内卷，也就是由这些大品牌之间的竞争而来的。因为它们庞大的门店数量造成了强烈的竞争关系，而它们各自背后的资本，也在助推它们的竞争强度，竞争越激烈，这些品牌就越要加快各自的迭代升级，做出差异化，扩展产品线，扩展服务范围，于是内卷开始！

你会发现无论怎么内卷，都只是这些大品牌之间的游戏，每个城市总有一些不错的个性店、单体店经营得还不错。这说明一个道理，连锁品牌靠的是规模化产生的品牌力，进而实现对消费流量的抓取，而区域品牌则是靠个性化、差异化，以及对区域文化的理解和输出来实现区域流量的坚守，这其中有几个有代表的案例，比如荆州的茹菓、重庆的暹茶、南宁的阿嬷手作和煲珠公、合肥的卡旺卡、昆明的霸王茶姬、长沙的茶颜悦色和果呀呀，等等，它们都在各自的区域市场中面对各方强敌，顽强地活了下来，并且还活得不错！

未来的茶饮店行业一定会是区域品牌和连锁寡头品牌共存的结构！

每个细分赛道或是细分品类，只有前三名能拥有更多的市场份额，所以这些大连锁品牌都在找各自的市场细分定位，要么以品类分，比如鲜果茶、奶茶，或是再细分的柠檬茶、烧仙草；要么以价格区间分，10元以下的，10～15元的，15～25元的，或是25～35元的。总之它们都在找自己的市场定位，但是无论怎么定位，顾客消费需求喜好的变化永远比它们快，并且不会被它们左右。

所以，区域品牌或是自创茶饮店品牌未来会有很大机会！但是自创品牌的门槛肯定会越来越高，门店要有好的设计感，产品也要足够好，管理营销也要跟得上，如果再能够贴上地域标签，你的成功概率就会高很多！

总之，茶饮店行业的未来仍然有很多机会，毕竟中国是茶饮大国，是茶的故乡。

真心希望你能从本书的内容中有所收获，茶饮店行业未来可期，我们一起加油努力！

附录

附录一　如何提升加盟古茗、蜜雪冰城、茶百道等品牌的考核通过率

开茶饮店关键在三个方面：第一个方面是品牌方的影响力，占到50%，优秀的品牌不但有强大的运营保障，还能够自带流量，开一家这样的店，省力、省心还能提升投资安全性；第二和第三方面分别是选址和加盟商自身实力，也就是所谓的选址和选商，这两个方面的影响力一共占50%，往往优秀的加盟商本身就自带好商铺，所以，有实力的优秀品牌都在提升品牌势能，目的就是能够选到优秀的加盟商。

截至 2021 年年底，已经有至少 8 个茶饮店品牌的门店数量超过 3000 家，包括蜜雪冰城、书亦烧仙草、茶百道、古茗、Coco 都可、益禾堂、甜啦啦、沪上阿姨，其中书亦烧仙草、茶百道、古茗等品牌的门店数量已经突破 5000 家，而蜜雪冰城更是以 1.5 万家的门店数量遥遥领先！

这些品牌也是茶饮店创业者的首选品牌，但是想加盟这些品牌并不容易，尤其是古茗、蜜雪冰城、茶百道、书亦烧仙草等品牌，对加盟业者的考核尤为严格。

古茗的加盟考核通关攻略

古茗的加盟考核很严格，那么，想加盟古茗这样的头部品牌，该如何提升面试通过率呢？

一、了解古茗的品牌和加盟政策

你要详细了解所在区域的茶饮店品牌分布情况，越详细越好，如果你自己都不清楚所在区域内都有哪些品牌、品牌的经营情况，甚至对古茗的发展情况、竞争情况都不了解，你还怎么加盟呢？

第一，弄清楚古茗在哪些区域开放加盟、哪些区域不开放加盟。

这些信息在古茗官方微信公众号上可以查到。比如古茗不开放黄河以北的区域，所以，北方城市的伙伴就不用咨询了，咨询也没用！有伙伴问："不是在山东某地看到过古茗么？在太原也看到过古茗啊！"没错，这些地方的确有可能有古茗的加盟店，但是北方区域的古茗会有两种情况，一个是有可能是假的或是山寨的；另外一种情况是，店可能的确是真的，但是这不代表古茗开放这个区域的加盟，因为这个店很可能是早期古茗的加盟店。

第二，对开放加盟的区域，要弄清楚是否能得到名额。

比如江西、福建、浙江这些古茗主力区域，空白机会已经很少了，并且古茗很保护老加盟商，好的机会都会优先给老加盟商，你觉得你能得到多大机会？

第三，在武汉能不能开？在杭州、上海、郑州……能不能开？

先不说这些区域古茗有没有开放名额，就算开放了，你觉得你能有多大机会呢？对这些城市，古茗开店选加盟商会更严格，因为这些地区竞争更激烈，房租贵、人工费用高、投资也更大，总部会优中选优，能在这些地方开古茗的往往是优秀的老加盟商，或者是有资金实力、有地方资源的符合加盟商条件的新加盟商。

看了以上这些要求，你还是很想开古茗怎么办？

你可以选择在已经开放的、但是相对偏远的区域开店，甚至离开家乡、去异地开店，把店开好了，成了"老"加盟商，就可以随着古茗这艘大船继续远航了。

有些人会觉得"异地开古茗"会不会是坑？其实，真的想多了。古茗从整体上来讲，对加盟商还是很负责任的。现在的市场行情，很难在家门口就能躺赚不赔，你能接受去外地打工，为什么不能接受去外地创业开店呢？问题的核心关键还是评估去外地能否赚钱。

二、古茗最看重加盟商的哪些素质

古茗看重加盟商的投资心态，那种张口闭口就问总部"多久能回本的"，古茗肯定不会选择！因为多久回本是双方共同努力的结果，而不是靠某个单方努力。另外，对于那种经验不足，但是想法太多"夸夸其谈"的"空想家"，古茗也是很反感的，投资毕竟是有风险的，并且市场变化无常，只有那些足够踏实的加盟商才能取得好的开店成果。

除此之外，古茗看重的还有加盟商的抗风险能力、资金实力以及对社会资源的整合能力，所以面试官问这些话题相关的问题也很多。例如，准备投多少钱？想多久能回本？店员如何招募？怎么管理好店员？打算做哪些营销活动？尽管古茗管理系统中都有这些问题对应的方法，但是，古茗仍然也会问加盟商，看加盟商的想法和总部的管理方式是否有太大的冲突，避免带来管理上的麻烦，此外加盟商对选择古茗的执着程度和认可度也是古茗重点的考量因素。

除了上面这些，古茗的面试中还会常问加盟商的问题有：选择古茗的理由有哪些？对比其他品牌，古茗的产品有哪些优势？如果遇到业绩不佳的时候，你会怎么办？这些问题都没有标准答案，可以临场发挥，但是回答的重点都围绕你有足够的信心，相信总部，同时也相信自己的实力，遇到问题可以想办法解决问题，有信心能把这家店开好！

其他头部品牌的加盟考核通关攻略

除了古茗，蜜雪冰城和茶百道的加盟审核也是非常严格的。

比如蜜雪冰城，因为加盟申请的人数太多了，加盟步骤也比较复杂，很多申请者因为没有做好准备而在申请环节就出现问题。为了能够筛选出合格的加盟者，每一个品牌都制定了一系列的加盟商合作标准，只有符合总部要求的创业者，才能拿到总部的面谈邀请。接下来我们一起来分析一下，如何才能成功申请加盟这些品牌。

▲广州天河南一路茶饮一条街

1. 提前准备

（1）要先清楚该品牌在当地的发展情况以及品牌授权情况。如果这个品牌在你所在的区域没有开放加盟，你申请也没用。如果该品牌在当地已经发展得很成熟，那么想要加盟的人也会很多，选址就会很困难，这样的品牌申请起来就会特别难。如果这个区域刚开放加盟，并且你又有竞争优势，申请起来就相对容易。

（2）要了解该品牌对加盟商的要求，包括该品牌的投资费用情况、对地段的要求等，比如茶百道更倾向于选址在茶饮店品牌集中的区域，以及外卖受众广的区域，而七分甜、ARTEASG更倾向于商业区。

（3）了解你所在区域的市场竞争情况，比如有多少个茶饮店品牌？生意最好的是哪家茶饮店？预计一天能有多少营业额？并做好它们和你想要加盟的品牌之间的竞争优劣势分析。品牌方更希望加盟商有自己的经营思想，具备独立思考和应对市场风险的能力。

（4）要认清自己开好一家茶饮店的优势有哪些。比如有从业经验、资金实力充足、有好的商铺、有很好的社会关系等，并且要想清楚这些能给你未来要开的茶饮店能带来哪些帮助。

2. 在线申请

品牌的加盟申请表上会要求填写意向开店城市、投资预算、你的一些个人信息等。你一定要如实填写，后期总部会核实这些信息，一旦发现存在弄虚作假的情况，你就无法加盟这个项目了。

填写完加盟申请表以后，提交给总部，工作人员会进行审核，审核通过的人才能进行下一步。大家请放心，这些信息会经过特殊处理，只是给品牌方起到加盟参考作用，不会泄露你的信息，大家可放心填写。

如果在线提交申请被拒绝，那么说明你在填写申请表的时候出现了问题，可能是信息不真实，也可能是不符合总部的合作要求等。如果你真的很想加盟这个品牌，还可以尝试再次申请。

3. 面谈邀请

在线申请通过后，这些品牌一般会邀请加盟者进行面谈。面谈的过程是品牌方面对面考察你是否适合开店的过程。

面谈过程中，品牌方要反复沟通和了解的依然是你对该品牌的理解、你对市场的分析、你的经济实力、你的资源优势以及你在经营上的一些方法。在回答这些问题的过程中，你一定要表现得大方自信，你要充分展示自己的信心和实力，表达自己愿意跟随公司发展、配合公司的管理，把门店经营好。

这里有几个特别值得注意的要点也是品牌面谈过程中比较容易犯的错误。

（1）不要一上来就问总部："多久能回本，回不了本怎么办？"既然选择了这个品牌，你就要相信这个品牌，再好的品牌，也无法承诺你多久能回本，你问的这个问题本来就没有答案。当你问这个问题的时候，你已经表现出了对自己能力的担忧，或是对品牌的不够信任，没有哪个品牌方会想选择这样的加盟商。

（2）不要拿这个品牌和其他品牌对比。比如去茶百道面试，那么"你们跟古茗比有什么优势""我那个位置对面有一家古茗，我担心你们会竞争不过它们……""我觉得古茗的 ××× 比你们的 ××× 好喝"等类似话题都是品牌方特别介意听到的，因为每个品牌都有各自的长处，既然你选择加盟这个品牌，就多看这个品牌的长处，你是来加盟的，不是来给品牌提建议、挑问题的。

（3）如果你已经加盟了某个连锁品牌，现在来加盟另一个品牌，你觉得这是你的优势，但是对于品牌方来说可能会是负担，品牌方会认为你脚踩两只船，同时也会容易产生相互攀比，或是泄露商业机密的嫌疑，不利于总部管理，所以最好不要让总部知道你同时加盟了多个品牌。

（4）有些品牌需要你驻店管理，这是为了保障门店能更好地经营，你要如实回答是否能做到。

（5）如果你对面试经理提的问题没准备好或是没理解清楚，你可以请对方解释一下或是重复一遍，切忌硬着头皮瞎编。品牌方的面谈官非常有经验，每天都要面谈很多人，很容易甄别你说的是真是假。

附录二　区域特色茶饮店品牌一览表

序号	品牌名	总部所在地	门店数量	主打特色
1	野萃山·分子果汁	深圳	37	创意鲜果茶、分子果汁、推荐油柑茶、牛油果卡士、橄榄汁
2	茶力的小怪兽	深圳	3	研发力很强的团队，有很强的水果茶灵感，主打创意鲜果茶、推荐黄皮汁、山泉油柑、椰子蛋
3	芭依珊	深圳	32	鲜果茶＋小食，推荐奶盖茶、鲜果茶
4	民强茶铺	广州	45	中式国潮奶茶，特色中式奶茶，推荐芋圆桂花酿，沙示柠檬茶
5	心研茶	中山	60	设计简洁，轻奢范儿，团队研发能力强，主打鲜果茶赛道，推荐魔法葡萄鲜奶茶、乳酪鲜奶茶
6	又一茶	佛山	49	设计简洁轻松，堂食休闲感强，产品丰富，推荐桂花咩咩茶、芝士奶盖茶、满杯金菠萝
7	HEA 啡茶	佛山	6	颜值爆表，新国风茶饮，推荐冷萃单枞纯茶、巨峰葡萄柠檬茶
8	汇茶	东莞	71	获得蜜雪冰城投资，主打手工珍珠奶茶
9	林小柔绿豆沙牛乳	汕头	11	主打古早味健康饮品，推荐绿豆沙牛乳
10	曾祖母手作饮品	惠州	23	匠心手作的健康饮品，推荐绿豆沙鲜牛乳、好事花生牛乳
11	宇宙治茶公司	漳州	18	设计感很强，适合打卡的网红店，推荐鲜乳茶系列

序号	品牌名	总部所在地	门店数量	主打特色
12	萃春疯	漳州	300	时尚的鲜果茶品牌，食材讲究，出品不错，推荐黑糖系列、芋泥系列
13	小堂阿姨奶茶铺	南宁	10	设计感爆棚，适合打卡，推荐冰沙牛乳、鲜果茶
14	萃茶师	南宁	132	带点轻国风的区域连锁品牌，主打鲜果茶
15	煲珠公	南宁	52	只有12款产品，主打手工珍珠奶茶，超高性价比
16	麒麟大口茶	昆明	10	极致单品性价比的代表，只卖一款柠檬茶，推荐经典柠檬茶
17	果呀呀	长沙	61	鲜果茶品牌的代表品牌，高品质鲜果茶，推荐芒果雪乐
18	良果芭	长沙	50	平价鲜果茶，亲民版果呀呀，推荐芒果爽
19	鲜之醇	株洲	67	高品质鲜果茶，推荐桃子系列
20	茶茶巫	成都	33	设计感强，产品颜值爆表；花式鲜奶水果茶，推荐梦龙可可爆炸、青提王
21	圆真真	成都	135	中式漫画风，设计轻松有趣，亲切感十足，推荐，手作鲜奶茶系列、手工珍珠系列
22	暹茶	重庆	9	重庆新一代网红茶饮店品牌，主打鲜果鲜奶茶，推荐牛油果系列
23	果小摘	重庆	5	装修轻松简单的果茶店，平价鲜果茶，推荐草莓系列
24	华言豆腐奶茶	重庆	102	视觉风格简洁，有冲击力，主打豆腐鲜奶茶系列，推荐豆腐鲜奶茶、抹茶豆腐爆波霸
25	茹菓	荆州	37	极具性价比的鲜果茶品牌，推荐牛油果、桃子系列
26	荔制茶	临沂	200	年轻有活力的北方新茶饮店品牌，主打鲜果茶，推荐荔枝草莓，芒椰小三圆

序号	品牌名	总部所在地	门店数量	主打特色
27	莫沫南路	临沂	174	很有设计感的新茶饮店品牌，风格清新，有记忆点，主打鲜果茶，推荐超级杨枝甘露、二姨的板栗
28	炖物24章·古法糖水	杭州	20	主打健康养生饮品、古风设计，推荐草本神仙水
29	未来茶浪	北京	2	设计感强，带些轻国风装修，主打健康、低卡茶饮，推荐娇颜乳茶
30	K22酸奶草莓	北京	8	以酸奶＋水果为主打，低糖、低卡、低脂的健康饮品，推荐酸奶草莓、酸奶芒果、酸奶牛油果
31	茶话弄	西安	176	把汉唐元素融入品牌，再结合本地茶底食材，极具国风气质的茶饮店品牌，满满穿越感，推荐桂花引
32	眷茶	郑州	83	新中式风格，把中原文化很好融入品牌，推荐香料茶饮系列
33	放哈	兰州	24	兰州年轻人家喻户晓的地方品牌，很好地把兰州文化融入品牌，推荐甜胚子奶茶，灰豆子奶茶
34	元气插座	呼和浩特	107	年轻有活力的北方新茶饮店品牌，主打鲜果茶，推荐杨枝甘露、元气芒果王
35	西琳姑娘	乌鲁木齐	16	极具新疆地域特色的茶饮店品牌，时尚感的西域风情，推荐冰淇淋酸奶茶

以上数据来自网络·仅供参考

附录三 《茶饮店合伙人投资合作协议》模板

茶饮店合伙人投资合作协议

甲方：＿＿＿＿＿＿＿＿＿＿＿＿

法定代表人：＿＿＿＿＿＿＿＿＿

门店地址：＿＿＿＿＿＿＿＿＿＿

联系方式：＿＿＿＿＿＿＿＿＿＿

乙方：＿＿＿＿＿＿＿＿＿＿ 身份证号：＿＿＿＿＿＿＿＿＿＿

住址：＿＿＿＿＿＿＿＿＿＿＿＿＿＿

联系方式：＿＿＿＿＿＿＿＿＿＿＿＿＿

鉴于：

甲方投资经营了＿＿＿＿＿＿茶饮店，乙方拟参与投资该茶饮店，为此，双方特订立下列条款以资共同遵守。

一、经营店信息

（1）经营店的经营地址：

（2）经营店的租赁期限：

（3）经营店的经营范围：餐饮服务。

（4）经营店的出租单位：＿＿＿＿＿＿＿，租赁保证金为＿＿＿＿＿元。

（5）经营店的形式：甲方指派员工以个体工商户的方式经营。

二、合作期限

（1）甲乙双方的合作期限自本合同签订之日起至经营店租赁期限终止之日止。经营店开张之日初步定为＿＿＿＿年＿＿＿＿月＿＿＿＿日，开张之日以实际开店期限为准。

（2）经营店租赁期限展期或续约的，甲乙双方可就合作期限相应延长以及是否再投入进行协商。如在展期或续约后三十日内，甲乙双方未能达成一致并签订书面的补充协议，本协议于原经营店租赁期限终止之日终止。甲方应按乙方出资比例向乙方返还租赁保证金，乙方退出经营店的投资，不再享受本协议的约定权利并承担约定的义务。

三、出资比例及权益

（1）上述经营店预计总投资规模为＿＿＿＿万元。乙方同意出资＿＿＿＿万元，占有该店总出资额的＿＿＿＿＿＿%；乙方于本协议签订之日起三日内向甲方付清应出资的金额；经营店正式开张之日起三十日内，甲方就实际投资规模与乙方进行结算，乙方所占出资比例根据实际投资规模作相应调整。

（2）乙方出资后，有权按其出资比例享有经营店的**分红权**，并享有经营店消费的＿折优惠。同时，经营店应向乙方赠送本店＿＿＿＿元优惠券。

（3）甲方有权对赠送的优惠券使用予以期限、额度、内容的消费限制，具体规则由甲方制订，乙方同意遵守甲方制定的优惠券消费限制规定。

四、管理费

（1）甲方承担品牌运营、店铺选址、装修管理、员工招聘、日常管理等事务，乙方同意甲方每月从经营店的营业额中提取 5% 的管理费用，该项管理费用作为经营成本列支。

（2）乙方不参与经营店的实际管理，但可以提出经营建议，甲方应认真听取并及时反馈。

（3）双方同意每个月甲方向乙方披露一次经营店的营收情况，但由于涉及商业秘密，所以乙方同意甲方披露的经营情况不得复印与摘抄。

五、利润分配与亏损承担

（1）乙方同意经营店利润原则上每个月分配一次，甲方有权根据实际经营情况决定利润分配时间。乙方有权按出资比例取得经营店的利润，甲方于每次分配利润周期的第一个月的_____日向乙方分配上一个周期的利润。

（2）甲方在乙方未收回实际投入成本前可将其自有利润优先分配给乙方，优先分配的比例及数额由甲方根据经营情况决定。

（3）甲方在下列期限内实现向乙方分配的经营店利润等于或超过乙方实际投入成本的，后续合作期限内，甲乙双方按如下比例分配利润。

①经营店在正式开张之日起十二个月内向乙方分红的利润达到或超过乙方实际投入成本的，自乙方所分利润达到或超过乙方实际投入成本之日起的第二个月，后续利润分配比例调整为甲方_____%，乙方按出资比例分配剩余利润；

②经营店正式开张之日起十八个月内向乙方分红的利润达到或超过乙方实际投入成本的，自乙方所分利润达到或超过乙方实际投入成本之日起的第二个月，后续利润分配比例调整为甲方_____%，乙方按出资比例分配剩余利润；

③经营店正式开张之日起二十四个月内向乙方分红的利润达到或超过乙方实际投入成本的，自乙方所分利润达到或超过乙方实际投入成本之日起的第二个月，后续利润分配比例调整为甲方_____%，乙方按出资比例分配剩余利润；

④上述约定的期限"内"均包含本数；

⑤实际投入成本 = 乙方实际出资金额 − 双方结算后的出资比例 × 租赁合同保证金。

（4）亏损

①经营店陷入亏损的，由甲方负责弥补，乙方不承担亏损。但经营店后续盈利的，盈利部分应优先扣除甲方弥补亏损的数额，扣除后再结算经营店利润。

②经营店连续三个月亏损的，甲方有权单方决定是否决定关店清算。甲方决定关店清算的，本合同终止，按本条约定的清算条款执行。

（5）清算

本协议终止或被解除的，双方应在三日内开始清算。如经营店可以取回租赁保证金，且该保证金在扣除经营店亏损或清算费用后有剩余的，乙方按出资比例取得剩余款项。清算时，经营店内的动产部分由甲方自行处理，乙方不再就动产部分进行分配。

（6）税费承担

甲方向乙方支付利润按法律规定需要缴纳税费的，甲方有权代扣代缴税费，但甲方应帮助乙方作好税务筹划。

六、投资失败的风险

（1）乙方知晓本次投资存在市场风险，甲方不对本次投资的收益作任何保证。

（2）乙方签订本协议后，未经甲方允许不得擅自解除或终止本协议。

七、收款账户

（1）本协议约定的甲方收款账户如下。

开 户 人：＿＿＿＿＿＿＿＿＿＿＿＿＿＿＿＿

开 户 行：＿＿＿＿＿＿＿＿＿＿＿＿＿＿＿＿

银行账号：_____

（2）本协议约定的乙方收款账户如下。

开 户 人：_____

开 户 行：_____

银行账号：_____

八、保密约定

一方未经对方同意，不得向第三人披露本协议约定的出资及利润分配比例。

九、保密责任

（1）双方对本协议内容，包括但不限于投资额、投资比例、分配比例等内容不得对外披露，并承担保密义务。

（2）乙方对本协议涉及到甲方的知识产权、商业秘密、经营店的开店计划及经营状况不得对外披露，并承担保密义务。

十、违约责任

（1）一方未按本协议约定期限足额履行付款义务，经守约方催告后三日内仍不交纳的，守约方有权要求违约方按下列其中一种方式承担违约责任。

①解除本协议，并要求违约方按出资预算金额的30%支付违约金。

②自逾期之日起，要求违约方每日按欠款金额的万分之七支付违约金。

（2）一方违反保密义务的，守约方有权要求违约方支付出资比例30%的违约金。

十一、通知

（1）本协议标明的联系地址

在本协议中所标明的甲、乙双方的地址和联系方式为各方各自有效的通信地址和联系方式。一方变更通信地址和联络方式应及时通知其他各方当事人。

（2）变更地址未通知的后果

因一方变更通信地址未及时通知其他各方，导致未被通知的一方发出的文件无法送达，则视为文件已经送达。

（3）地址提供错误的后果

一方发往另一方通信地址的挂号信、特快专递、诉讼文书等，如果因地址不详或查无此人或收件人拒收等原因被退回，仍视为该文件已经送达。

十二、争议解决方式

因本协议引发的纠纷应尽量协商解决，协商解决不成的，由甲方所在地人民法院管辖。

十三、其他约定

（1）转让

本协议未经甲方允许，乙方不得向第三方转让本协议享有的权利。

（2）协议的生效

本协议自甲方和乙方盖章或签名之日起生效。

（3）附本

本协议一式叁份，甲方持贰份、乙方执壹份，具有同等法律效力。

甲　　方：　　　　　　　　乙　　方：

签订时间：　　　　　　　　签订时间：

注：模板仅供参考，资金投入多少，占比多少，管理费以及个人劳动报酬可依据实际情况来调整。